MIND GYM

An Athlete's Guide to Inner Excellence by Gary Mack, David Casstevens

アスリートが通う

「マインド・ジム」

から夢を
あきらめてはいけない

ゲーリー・マック、デビッド・キャスティーブンス 著　多賀谷正子 訳

MIND GYM
An Athlete's Guide to Inner Excellence
by Gary Mack with David Casstevens

目次

第二部　夢を生きる　69

第三部　成功するための心構え　117

ともに仕事をする名誉にあずかった
すべてのアスリート、コーチ、チームに、
本書を捧げる。

まえがき

マイアミに住んでいた九歳のとき、ぼくはいつかメジャーリーグの選手になりたいと夢見ていた。でも、まだぼんやりとした夢だったので、そのうち忘れてしまい、ぼくは野球をやめてバスケットボールを始めた。そのころは次世代のマジック・ジョンソンや、次世代のラリー・バードになりたいと思っていた。そんなある日のこと、母や兄と話していて、ＮＢＡ（全米プロバスケットボール協会）には、ドミニカ出身の選手がほとんどいないと知った。そこで、二年のブランクをへて、また野球を始めた。頭の中にあの絵が、あの夢が戻ってきたのはそのときだ。ぼんやりとしていたイメージが、焦点を結びはじめた。

いまのぼくがいるのは、夢がかなうずっと前から、メジャーリーグのユニフォームを着た自分の姿を頭に思い描いていたからだ。ぼくは夢の力を信じている。

それから、メンタル面の準備をすることも、目標を設定して努力することと同じくらい大切だと信じている。つねに実力を発揮することが求められる試合において、ぼくが成功し、高いレベルのプレーをしてくることができたのは、心をうまくコントロールしてきたからだ。人生でもスポーツの世界でも、才能だけではある程度までしかうまくいかない。ぼくは自分が目標を達成するところを、前もってイメージするように心がけている。たとえば、こんなことがあった。とんだうぬぼれ屋だと思われるかもしれないが、一九九六年のシーズンの序盤に、ぼくは自分がアメリカンリーグのＭＶＰ（最優秀選手賞）に選ばれて、トロフィーを頭上に掲げるところを頭に思い描いた。首位打者になって、そのトロフィーを掲げるところも思い浮かべた。打率は三割八分だ。誘導灯にその数字がチカチカと明滅するのが見えた……三割八分……三割八分……三割八分。

その年、ぼくは三票差でＭＶＰのタイトルを逃したものの、首位打者を獲得することができた。試合でプレーするのは楽な部分だ。本当に大変なのは準備段階。五月にやったことが、一一月に結果となってはね返ってくる。

ぼくは夢の力を信じているが、ポジティブ思考を強化することと、イメージトレーニングにも大きな力があると信じている。夜ねる前、ぼくは自分に向かってよくこう言う。だいたい一五〇回くらい。「おれは打つ、おれは打つ。それがおれの仕事だ。おれは打つ」。そして、頭の中で自分の打席を最初から最後までイメージしてみる。まずファンの目線から自分を見る。次に監督の目線からダグアウトにいるぼくを見る。それからフィールドに立った自分の姿をさまざまな方向から思い浮かべてみる。チャンピオンになる人というのは、まず頭の中で勝つところをイメージしてから試合に臨むものだと、ぼくは信じている。けっしてその逆ではない。それほどイメージすることの力は大きい。

野球のシーズンは長い。春のトレーニングに始まって、一六二試合を戦い、さらにプレーオフまで続く。どんな競技のどんなスポーツ選手にも、調子のいいときと悪いときがある。うまくいかないときでも、ぼくは心配しない。自分のパフォーマンスを結果だけで判断しないようにしている。なにより大切なのは、心身両面の準備が整っているかどうかだ。鏡を見て、ぼくは自分にこう問いかける。「お前は試合の準備ができているか?」。もし答えがイエスなら、自信をもってプレーできる。いざ試合が始まって、ボールを打ち返したら、その結果は自分のコントロールの及ばない範囲だ。

ぼくはプロの野球選手になった一九九三年に、チームカウンセラーのゲーリー・マックと知り合った。彼はぼくの友人でもある。本書を読めば世界のトップアスリートやコーチの心や思考がわかるし、インナーゲーム【自分の内にある心理的・感情的な障害を克服する戦い】の大切さを知ることもできる。この本を読んで学べる教訓やメンタルスキルは、まさにぼくが毎日実践しているものだ。大リーガーだろうと、リトルリーガーだろうと、どんなスポーツの選手だろうと、ゲーリーとこの本が、あなたのゲームを一段上のレベルに引き上げるのに役立つことだろう。

アレックス・ロドリゲス

第一部　インナーゲームの世界へようこそ

1

ヨギは正しかった

YOGI WAS RIGHT

試合の九割は、メンタルで半分決まる――ヨギ・ベラ

体を鍛えるのと同じように、心も鍛えなければならない――ブルース・ジェンナー

ヨギ・ベラがヤンキースの監督に就任したとき、あるレポーターがこんな質問をした。「監督を務められるだけの経験はありますか」。「もちろんだ」。ヨギは答えた。「一八年間プレーしてきたんだ。よく見ていればたくさんのことが観察できるものだよ」。その記者はノートを閉じると、少し困惑した表情で去っていった。その表情は「ピザは四つに切り分けますか、それとも八つに切り分けますか」とヨギに尋ねたウェイトレスが浮かべたのと同じ表情だった。「四つにしてもらおうか」。ヨギは言った。「八つも食べきれるかわからないからね」

トップアスリートやプロのスポーツチームと仕事をするとき、私はよく、ウィットのきいたヨギの名言を紹介してからカウンセリングを始める。なかでもよく使うのは、彼独自の数学的な見解、「試合の九割は、メンタルで半分決まる」という言葉だ。これを紹介すると必ず笑いがおこる。

あなたはどうだろう。あの有名な〝ヨギイズム〟について、真剣に考えてみたことがあるだろうか。試合――あなたがやっているスポーツの試合――の何割が、メンタルによって左右されているだろう。

私ならあなたをその答えに導くことができるかもしれない。まずは、私がいつも紹介しているエクササイズをやってみよう。これは国際的なスポーツ心理学者のグループ、オリンピック選手やプロのアスリート、コーチ陣、ミュージシャン、ダンサー、宇宙飛行士、医師、弁護士、カナダ・オタワ州の消防署長にも紹介しているものだ。このエクササイズを終えていくつかの質問に答えたら、きっとあなたも、世界のトップアスリートや、そのほかの職業で最も成功している人たちが知っていることは真実なのだとわかるだろう。つまり、あるレベルにまで能力が達したら、フィジカル面のスキルと同じくらい、メンタル面のスキルが大切になってくる、ということだ。

まずはゆったりと腰かけてリラックスしよう。次に、最高のパフォーマンスができたときのことを思い出して、そのときに聞こえた周りの音や、そのときの自分の気持ちを思い浮かべてみてほしい。頭の中で、最高だった日のことをイメージするのだ。過去最高の試合で、すべての動きと意思決定がうまくいき、ことごとくついているときのことをイメージしよう。アスリートやパフォーマーのなかには、最高だったときの体験を〝ゾーンに入った状態〟だったと表現する人もいる。スイートスポットに入ったその時間のことを、私は〝ホワイト・モーメント（真っ白な瞬間）〟と呼んでいる。これについては、もう少しあとで述べよう。

自分のハイライト映像を見るような感じでイメージしてみよう。いま、あなたにはなんの恐れも不安もない。自分に自信をもっているし、すべてが思いどおりに進んでいる。周りを見てみよう。あなたがいるのはどこだろう。何時ごろ？　季節は？　あなたは何を着ている？　誰と一緒にいる？　誰があなたを見ている？　何が聞こえる？　息を吸ってみよう。野球場やゴルフコースにいるなら、芝生の匂いがするだろうか。楽しかったそのときの体験を頭に思い浮かべよう。

それができたら、そのイメージをゆっくりと消していき、代わりに最低のパフォーマンスをしたときのことを思い出そう。自分が弱くて無能に感じられた試合、イベント、あるいは体験を思い浮かべてみてほしい。いくら頑張ってもまったく思いどおりにいかなかったときのことを。そうしたら、その思い出のことは頭から消し去る。そして現在に意識を戻す。

ヨギの言葉を心に留めつつ、最高の試合と最低の試合のときの自分を比べてみよう。そのうえで、次の質問に正直に答えてみてほしい。「ふたつのパフォーマンスの違いのうち、何パーセントが技術的なスキルに関係しているだろうか。何パーセントがメンタル面に関係しているだろうか」

プロのアスリートのチームと仕事をするときは、まずクラブハウスにいる全員に立ってもらう。そして、パフォーマンスにおけるメンタルの比率が一〇パーセント未満の人はいるか、と尋ねる。もしいれば、その人たちには座ってもらう。次に、二〇パーセント未満だと思う人は、と尋ねて、その人たちにも座ってもらう。「では、三〇パーセント未満だと思う人はいますか？　座ってください。では四〇パーセント未満の人は？」

五〇パーセントまできたとき、少なくとも部屋にいる半分の人はまだ立っている。あなたもまだ立っているだろうか。

答えがイエスなら、次の質問はこうだ。最高のパフォーマンスと最低のパフォーマンスの違いを考えたときに、少なくとも半分がヨギの言うようにメンタル面の違いだと思うなら、メンタル面を鍛えるのにどれくらい時間を使っているだろうか。スポーツ心理学の本をどれくらい読んでいるだろうか。〝頭の《ヘッド》〟コーチにどれくらい教わってきただろうか。

このトレーニングからわかるように、頭はテープレコーダーのようなものだ。目にしたものや聞こえたものを記録するし、そのための録画テープはつねに回っている。人間の体は頭の中で鮮明に考えたことやイメージしたことを、あたかもいま実際に起こっているかのように認識する。悪い夢から目覚めたことがある人なら、その感じがわかるだろう。

数々の研究から、メンタルトレーニングはパフォーマンスを向上させたり、生産性を上げたりするだけでなく、喜びももたらしてくれることがわかっている。メンタルトレーニングをすれば、年齢に関係なく、どんな競技であっても、自分の心をもっと建設的に使えるようになる。集中力を保てるようになる。逆境に立ち向かえるようになる。うまくいかないときにもモチベーションを維持できるようになる。致命的なケアレスミスをしなくなる。自分の夢を追いかけて、目的をもって人生を歩めるようになる。

インナー・エクセレンス（内面の卓越性）を手に入れるためには、段階を踏まなくてはならない。メンタルの筋肉を鍛えるためには、体の筋肉を鍛えるのと同じように時間と努力が必要だ。内面を鍛えれば鍛えるほど、目に見える結果となって表れる。それにはまず、絶対にやり抜くという強い気持ちが必要だ。ヨギがこんなことを言ったと伝えられている。「分かれ道に来たら、とにかくどちらかに進め」。このセクションを読んでいるあなたは、すでにその道を歩みはじめている。

いまあなたが手にしているこの本は、心を鍛えるジムだと考えてほしい。書いてあることを読み、トレーニングに取り組み、質問に答えよう。そうすれば理想的なメンタルを手に入れるのに必要なスキルが身につき、ひとつ上のレベルでプレーすることができるようになり、最高のパフォーマンスを偶然ではなく、意図してできるようになる。

■思考が感情やパフォーマンスに影響を与える。脳を鍛えることは体を鍛えることと同じくらい重要である。

2

心のコントロール
MIND GAMES

体調よりも精神状態のほうがショットに影響する――トミー・ボルト

心の力は大きいが、ほとんどの人はそれをうまく使っていない――マーク・マグワイア

フラッグスタッフにある練習場で、ジーン・ストーリングスが腕を組んで立っていた。アリゾナ・カージナルスは夏のキャンプの真っ最中で、どの選手も、ストイックなストーリングスが自分たちを見ていることを強く意識していた。すらりと背の高いストーリングスは、けっして情に流されることのない、このチームのヘッドコーチである。

彼はカレッジフットボールの名コーチだった故ポール・〝ベア〟・ブライアントの愛弟子だ。テキサスA&M大学でブライアントの指導を受けたほか、アラバマ大学で七シーズン、このレジェンドのアシスタントを務めた。師匠のブライアントと同じく、ストーリングスは練習時間が大切だと考えていた。とくに重視していたのはメンタルの強さと練習への取り組み方だ。このとき彼は練習場に立って長い影を落としながら、プレースキッカーがサッカーをするときのように右足を振り上げてボールを蹴るのを、じっと見ていた。フィールドゴールのキックがポストを大きくはずれると――キッカーがシャンクしてしまったのだ――ストーリングスはコンクリートのように硬い表情になった。そして、あきれたといった様子で背中を向けると、ブツブツとぼやきながらその場を去っていった。

ストーリングスが声の届かないところまで行ったのを確認してから、私はプレースキッカーを近くに呼んだ。「いったいどうしたんだ？」。私は尋ねた。ＮＦＬ（ナショナル・フットボール・リーグ）のチームのカウンセラーになって、これが初めてのシーズンだった。

「マック、おれは一流のフィールドゴール・キッカーだ」。その選手は自信たっぷりに言った。だが、ヘッドコーチとその冷たい視線のことを思い出すと、首を振ってこう言った。「でも、ストーリングスが見ていると、うまく蹴れない」

「なるほど」。私は優しい口調で言いながら、思わず笑顔になってしまった。「でも、試合には必ず彼がいるだろうね」

このキッカーはすばらしい技術をもっていて、遠くからでもしっかりとゴールを決めることができる。けれども、自意識過剰になってコーチの目を意識してしまい、自分のプレーに集中できなくなっていた。考えていたのはボスのことだった。よりよい結果を出したいなら、彼は思考パターンを変えなくてはいけない。競技におけるメンタル面を強化しなくてはならない。

スポーツで成功するためのひとつの鍵は、プレーに集中する方法と、ネガティブな思考に邪魔されない方法を学ぶことだ。頭は一度にひとつのことにしか集中できない。だから、起こってほしくないことが起こらないようにしようと考えるのではなく、起こってほしいことに意識を集中させるか、ニュートラルな思考に意識を向けなくてはならない。プレースキッカーとメンタルトレーニングに取り組むとき、私はディストラクション・テクニック（気ぞらし法）を使うことにしている。彼らには言葉をひとつ考えてもらう。自分に向かって言ったときに、ネガティブな思考をすべてブロックできて、緊張を和らげることができるような言葉だ。たとえば、テネシー・タイタンズのベテランキッカーで、第三四回スーパーボウルでプレーしたアル・デル・グレコが選んだ言葉は「バーディー」だった。グレコのゴルフの腕前は抜群で、おそらくＮＦＬのなかでは最もゴルフがうまい選手だろう。彼にとって「バーディー」という言葉は、成功したときの感情をもたらしてくれ、ゴルフコースにいるときの楽しさを思い出させてくれるものだった。

脳は体をコントロールしているメガコンピューターのようなものだ。ハーバードの心臓専門医であるハーバート・ベンソンは、患者に呼吸に集中しながら「ワン（ひとつ）」という言葉を心の中で繰り返し言ってもらうと、その患者の血圧と心拍数が下がっていくことを発見した。あなたもぜひ試してみてほしい。

脳には驚くような力があるが、コンピューターとちがって取扱説明書はない。残念ながら、私たちは間違ったタイミングで間違った〝プログラム〟を起動させてしまうことがよくある。

このセクションの冒頭で、元プロゴルファーのトミー・ボルトの示唆に富んだ言葉を紹介した。「テリブル・トミー（恐るべきトミー）」というのが彼の愛称だった。「サンダーボルト（落雷）」とも呼ばれた。ボルトはバイリンガルだ、というジョークまであったほどだ――英語と罵り語が得意だったから。彼の気性の荒さや、癇癪を起こしてゴルフクラブを投げ捨てる様子は、ゴルフ界の伝説にもなっている。伝説によれば、あるトーナメントのラウンドで六打連続してカップにきらわれたとき、ボルトは天に向かって拳を振りながらこう叫んだという。「下に降りてきて男らしく勝負をしたらどうなんだ⁉」

けれども、ボルトは心の状態がプレーに影響することや、脳がパフォーマンスの妨げになることがあるのを理解していた。趣味でゴルフをやっている人は、池のあるホールに来たとき、まずは古いゴルフボール――池ポチャをしてもいいようなボール――をゴルフバッグから取り出すことだろう。では、その次は何をするだろう。ティーグラウンドに行って、自分にこう言うのではないだろうか。「池に打ちこまないように気をつけよう」。心理学では「人は思考やイメージのとおりに行動する」ことがわかっている。「池ポチャをしないように気をつけよう」と言いながら池を見ることで、ボールを水没させることが頭にプログラミングされてしまうのだ。あることを考えてばかりいると、それが頭に記憶される、という法則がある。つまり、池のことばかり考え、池のことが記憶されてしまうと、池ポチャをしてしまうということだ。

だから「池に打ちこまないように気をつけよう」と言うのではなく、ほかの指示を与えよう。たとえば「ピンの右横九メートルのところにつけよう」といった具合に。頭に植えつけられたことが、じっさいに起こってしまうもの。「こうしてはいけない」ではなく、「こうしよう」と考えるのが最も効果的だ。

シカゴ・カブスで仕事をしていたとき、ある先発ピッチャーがモントリオールから私に電話をかけてきたことがあった。前回の登板でうまくいかなかった選手だ。電話口の彼は泣きそうな声で、助けてほしいと言ってきた。そこで、マウンドで苦境に立たされていたとき、自分自身とどんな会話を交わしていたのか聞いてみた。すると、ネガティブな思考に陥っていたことがわかった。「カーブを高めに投げてはいけない。フォアボールを出してはいけない。審判はきっとストライクをとってくれないだろう。五回までもたなかったらローテーションからはずされてしまう……」

私がアスリートのトレーニングを担当するときは、三センチ×五センチのカードを一枚渡すことにしている。そして、カードの片面に成功するための個人的な鍵を書いてもらい、もう片面には成功するのに必要なパフォーマンスの鍵を書いてもらう。電話をかけてきたカブスのピッチャーにも、成功するパフォーマンスの鍵を聞いてみた。「調子がいいときはどんな投球をしてる?」「速球で一球目からストライクをとりにいく。そのあと球速のちがう球を投げる」。彼は答えた。「そのときに気をつけることは?」

「バランスをとることだ」。彼は言った。「それから肩をよく引くことと、腕を振りきること」

「なるほど」。私は答えた。「五日後にニューヨーク・メッツとの試合があるね。試合が始まる前は、その三点だけに集中するといい」

次の登板で彼は完封勝利をおさめた。一週間もなかったのだから、身体面が大きく変わったわけではない。彼が回復できたのは、思考を変えたことによってパフォーマンスが変わったからだ。何をどう考えるかは自分で選ぶことができる。いま見ているテレビ番組が気に入らなければ、チャンネルを変えればいいというのと同じだ。


心をうまくコントロールすることを学ぼう。さもなければ心の状態によってふりまわされてしまう。人は思考やイメージどおりに行動するものだ。行きたくないところを見てはいけない。

3 メンタルトレーニングの力
THE HEAD EDGE

とにかく勝たなくてはいけない。あとほんの少し何かが足りないために勝てないというときがある。その何かを手に入れなければならない——ドン・シュラ

選手の体のなかで最も大切なのは、肩から上の部分だ——タイ・カッブ

一九九八年のシーズン最終打席に向かう前のひととき、野球界の新しいスーパーヒーローは、セントルイスにある球場のダグアウトの暗がりで、目を閉じて座っていた。マーク・マグワイアは昼寝をしていたわけではない。広い肩幅とポパイのような前腕をもったこの男は、九月下旬のこの日、すでに一本のホームランを打っていたが、このとき自分の思考に没頭していた——メンタルリハーサルをしていたのだ。

「努力しなくてはいけない。メンタル面でもフィジカル面でも」。セントルイス・カージナルスのこのスラッガーは、かつてバッティングの極意についてそう述べた。「体格ばかり注目されるが、ぼくは腕よりも頭のほうをよく使っている」

打席に立つころには、マグワイアは集中してリラックスした状態にあり、しっかり準備が整っていた。モントリオール・エクスポズのリリーフピッチャー、カール・パバーノが一五二キロの速球を投げたとき、ビッグ・マック【マグワイアの愛称】の心と体はひとつになって動いた。豪快なスイング。コルクを抜いたときのような打球音。打球はぐんぐん伸びていった。ライナー性の当たりだ。打球はそのままレフトスタンドに入り、シーズン七〇本目のホームランとなった――それまでの六九本のホームランがまぐれではないことを証明するような当たりだった。

マグワイアはそのシーズンの最後の四四時間に五本のホームランを放ち、本塁打王争いをしていたサミー・ソーサに競り勝った。ソーサとは互いに敬意をいだく間柄で、このときの本塁打王争いは球界史上屈指の大激戦だった。

スポーツ心理学は成功の科学と呼ばれてきた。成功した人が何をしてきたかを研究するものだからだ。そこからわかったのは――そしてマグワイアをはじめとする一流アスリートが実証したのは――メンタルリハーサルとイメージトレーニングの有効性だ。

カール・ヤストレムスキーは、イメージトレーニングについて次のように語っている。「試合の前の晩は、翌日対戦するピッチャーとそのピッチングを頭に思い浮かべるようにしている。ぼくはその球をしっかりととらえる。そのときの感覚も思い浮かべる。そして、自分が狙ったところに打つ場面を思い浮かべる」

イメージトレーニングとメンタルリハーサルの力は、数々の研究で実証されている。同じくらいの実力をもったアスリート二〇人を集めて、そのうちの一〇人にメンタルトレーニングをしてもらうと、メンタルトレーニングをしていないアスリートよりもパフォーマンスがよくなる。これを私たちは「ヘッド・エッジ」と呼んでいる。

大学のバスケットボール選手を対象に行われた興味深い研究がある。三カ月間、ひとつ目のグループには毎日一時間、フリースローの練習をしてもらう。ふたつ目のグループには毎日一時間、フリースローをするところを思い浮かべてもらう。最後のグループには三〇分間フリースローの練習をしてもらい、三〇分間フリースローラインから投げたボールがゴールリングに入るところをイメージしてもらう。研究が終わるころ、どのグループのフリースローがいちばんよくなっていると思うだろうか。じつは三つ目のグループだ。イメージトレーニングは、シュート練習をするのと同じくらいシュートの正確性に影響を与えるのだ。

『ファウンデーション・オブ・スポーツ・アンド・エクササイズ・サイコロジー』に、あるスポーツ心理学者がアメリカのスキーのオリンピックチームと共同で行った研究の結果が、掲載された。選手たちは実力が均衡するように、ふたつのチームに分けられた。そして、片方のグループにイメージトレーニングをしてもらった。もう一方はイメージトレーニングをしない対照群だ。コーチはすぐに、イメージトレーニングをした選手のほうが、対照群の選手よりも早くパフォーマンスが向上することに気づいた。そこで、すぐに実験を中止し、すべての選手にイメージトレーニングをしてもらうことにしたという。

私は子どものころ、移民が多く暮らすニューヨークのクイーンズ区に住んでいて、ポーランド系アメリカ人のユースリーグでサッカーをしていた。ある土曜日のこと、私たちはランドールズ島で行われるサッカー教室に参加した。驚いたことに、そこにはあのペレがいた。世界随一のサッカー選手だ。

いまでもペレが言ったことを覚えている。「熱意とメンタルの強さが、勝つための鍵だ」。ペレは自分が毎試合欠かさず実践していたルーティンも教えてくれた。フィールドに立つ一時間前にロッカールームに行き、二枚のタオルを持って誰にもじゃまされない場所へ行くのだという。そこで手足を伸ばしながら、一枚のタオルを枕のように頭の下に置き、もう一枚のタオルで目を覆う。それから自分の頭の中にあるカメラを回しはじめる。想像のなかで彼は、子どものころの自分がブラジルのビーチでサッカーをしているところを思い浮かべる。潮風の匂いも感じる。そして、サッカーをするのがとても楽しかったことや、どれほど自分がサッカーを好きだったかを思い出す。

そのあと頭の中のビデオを早送りする。ワールドカップでの最高の瞬間を思い浮かべ、優勝したときの気持ちを思い出す。そのあと、そのイメージをしだいに消していき、これから始まる試合のリハーサルをする。まず思い浮かべるのは敵の姿。そして、ディフェンダーの間をドリブルで抜けたり、ヘディングシュートを打ったり、ゴールを決めたりする自分の姿を頭に思い描く。そうやってひとりで三〇分ほど考えたり、ポジティブなイメージを思い描いたりしたあと、ストレッチと練習をする。スタジアムに颯爽と登場して歓声に包まれるころには、フィジカル面もメンタル面も準備が整っている。

このセクションで紹介するトレーニングは「マインド・ジム」だ。私がカブスで仕事をしていたとき、カブスはヤンキースからボブ・テュークスベリーという選手を獲得した。当時、テュークスベリーはそれほどすごいピッチャーではなかった。球速もさほどなかったので、コントロールと緩急をつけたピッチングに頼っていた。そこで、一緒にトレーニングに取り組むとき、彼には自分専用のマインド・ジムをつくってもらった。試合前に自分の思考に没頭してメンタル面の準備を整えるために向かう、想像上のジムのことだ。彼は凝ったつくりのジムを鮮明に思い浮かべた。彼のマインド・ジムは泡のような形だった。ポジティブな言葉が書かれた紙テープが次々と出てくるエネルギーマシンがあり、サウンドシステムは最先端のものが備えつけられている。テュークスベリーはこのマインド・ジムにあるベッドの上で手足を伸ばしながら、頭上にある大きなテレビスクリーンに映し出された自分のハイライトビデオを見る。のちに彼はカージナルスに移籍し、オールスターゲームにも選出された。

ヘッド・エッジを得るためには、自分だけのマインド・ジムをつくることだ。たとえ体が疲れていても、ケガをしていても、メンタル面はいつでも鍛えることができる。できるだけ鮮やかに、はっきりと想像してみよう。そして、自分がミスを克服する姿や、いろいろなことがうまくいくところを思い浮かべよう。覚えておいてほしい。メンタル面とフィジカル面の両方の準備が整っていれば、自信が湧いてくる。

スポーツ心理学は成功の科学だ。数々の研究によれば、能力の等しいアスリートの場合、ほぼ毎回、メンタルトレーニングをしたアスリートは、していないアスリートよりもパフォーマンスが向上する。メンタルスキルを獲得するには、フィジカル面のスキルと同じように日々の練習が必要である。

4

プレッシャーの法則

THE PRESSURE PRINCIPLE

プレッシャーを感じていると、パフォーマンスは一五パーセントよくなるか悪くなるかのどちらかだ――スコット・ハミルトン

楽しんでやっていれば、プレッシャーは喜びに変わる――ケン・グリフィー・シニア、ケン・グリフィー・ジュニア

その男の子は病気がちで、非常に稀な消化器の疾患で成長も止まってしまった。学校の友だちには〝チビ〟という心無いあだ名で呼ばれた。フィギュアスケートの審判からも、体が小さすぎるので国際試合では勝てないだろうと言われた。だが、身長一六〇センチ、体重五二キロの彼はいま、冬期オリンピックで最も華やかなセンターステージに立っている。フィギュアスケートは冬のスポーツの花形だ。極上の演劇であり、テレビ映えするドラマである。観客は期待に胸を躍らせる。演技者はプレッシャーを感じることだろう。たったひとつのミス――容赦ない審判によるわずかな減点――が、勝利と涙とを分けるものになりえるからだ。

このときリンク上でスポットライトを浴びて立っていたのは、アメリカ人のスコット・ハミルトンだ。彼は一九八〇年のレークプラシッド・オリンピックでは五位に終わった。それからの四年間、弱点を克服しようとトレーニングを積み、この日を待ち望んできた。ついにその時がやってきたのだ。オリンピックで金メダルをとれるとしたら、これが最後のチャンスだろう。ハミルトンは深く息を吸い込み、体と心をルーティンに集中させた。氷の上をすべり、ジャンプし、スピンする。腕をいっぱいに伸ばして音楽とひとつになり、キラリと光るスケート靴の刃で氷に模様を描いていった。

四分後、すべてが終わった。会場にはブラボーという声が響き、スタンドから投げられた花束がリンクに散らばった。拍手の音は激しく降る雨のようだった。

ハミルトンは私たちに、どんな体格の人でも勝てることを思い出させてくれた。首にかけた輝かしい金メダルは腰まで届きそうなくらい長かったが、オリンピックチャンピオンとなったこのアメリカ人は、自分の夢をかなえたのだ。その夜、サラエボで、彼は自分が成功したのはメンタル面の準備ができていたからだと語った。「プレッシャーを感じていると、パフォーマンスは一五パーセントよくなるか悪くなるかのどちらかだ」

その夜、何百万という人がハミルトンのパフォーマンスをテレビで見ていたが、私もそのひとりだった。私は彼のコメントに興味を引かれた。人生というゲームにおいては、誰もがパフォーマーだ。私たちは毎日のようにプレッシャーや競争にさらされている――職場で、会議室で、教室で、ゴルフコースで、テニスコートで、バスケットボールのコートで。そして勝負の場で。

このときのハミルトンの言葉を胸に刻んだ私は、ストレスの心理学や成功の心理学の研究を始めた。私の使命は、プレッシャーを感じながらパフォーマンスをするときの心理状態を、できるかぎり解明することだ。プレッシャーがかかっているとき、なぜ、あるアスリートはハミルトンのようにブレイクスルーできて、ほかのアスリートは失敗してしまうのかを知りたかった。どのように、そしてどの程度、精神面がパフォーマンスに影響するのだろうか。

そもそもプレッシャーとはなんだろう。ゴルファーのリー・トレビノは「プレッシャーとは、一・二メートルのパットが入るほうに三五ドル賭けているにもかかわらず、ポケットに五ドルしか入っていないときに感じるもの」と言っている。ピッツバーグ・スティーラーズのコーチ、チャック・ノルは「自分が何をしているかわからなくなったときに感じるもの」と説明している。

ペナントレースの終盤、モントリオール・エクスポズの元ピッチャー、ビル・リーは、どれくらいのプレッシャーを感じているか、と問われたことがあった。どんな質問からも逃げないことで有名なこの野球界の宇宙オタクは、少し考えたあとこう答えた。「海面気圧でいうと二二〇六ヘクトパスカルくらいだね」。NBAの元スター選手、チャールズ・バークレーは、質問をうまくはぐらかしてこう言った。「圧力《プレッシャー》とはタイヤの空気圧のことさ」。だが、プレッシャーは実在する。たしかに存在する。本人が認めようが認めまいが、すべてのアスリートは試合のときにプレッシャーを感じている。

では、このプレッシャーはどこからくるのだろう。デンバー・ブロンコスの元クオーターバック、ジョン・エルウェイは、そのうちNFLの殿堂入りを果たすにちがいないが、その彼がこんなことを言っている。「勝たなくてはいけないというプレッシャーはいつも感じるが、そのほとんどは自分の内側からくる」。アイスホッケーの名選手、マーク・メシアも同じようなことを言っている。「ぼくが感じるプレッシャーは、自分が生み出したものだ」

人間の体はプレッシャーとストレスに反応する。心拍数が上がり、呼吸が速くなる。プレッシャーを感じない人はいない。ゴルフのメジャー大会で最多勝利記録をもつジャック・ニクラウスはこんなことを言っている。「プレッシャーを感じると緊張する。緊張すると、できるだけ早くプレーを終わらせたいと考えてしまう。ゴルフでは急いでプレーすればするほど結果が悪くなり、それがまたさらにプレッシャーと緊張を高めることになる」。テニスのスター選手、アーサー・アッシュの言葉も聞いてみよう。「人間はプレッシャーを感じると、自然といつもより力が入ってしまう。そして緊張が高まると、ふたつのことが起こる――足が動かなくなり、呼吸が浅くなる。自然とそうなるのだ。人間の体はそのようにできている」

プレッシャーは悪いものと考えられているが、じつはプレッシャーは最高のパフォーマンスを引き出すこともできる。プレッシャーをまったく感じていないときは、ベストパフォーマンスもできないだろう。メジャーリーグの元ピッチャー、リチャード・ゴセージは、プレッシャーをうまく利用していた。「最悪の状況になるまで、おれは最高の力が出ない」

私がゴセージと知り合ったのはカブスで仕事をしているときだ。その後シアトル・マリナーズでもともに過ごした。ゴセージは客観的な視点から自分のプレーを見るのがうまかった。あるとき、クローザーというプレッシャーにどのように対処しているのか、と彼に訊いたことがある。彼はこう答えた。「マウンドに上がるときは、いつも故郷のロッキー山脈を思い出すんだ。そうするとリラックスできる。そのあと自分に言い聞かせる。最悪な結果になったとしても、故郷で魚釣りをして暮らしていけばいいだけじゃないか、ってね」

スコット・ハミルトンは別の方法でプレッシャーに対処していた。彼が金メダルを獲得してから一六年後のある日、フェニックスで行われていたスターズ・オン・アイスに出演していた彼と話をする機会があった。私がこの本を書いているのは、彼の言った「プレッシャーを感じていると、パフォーマンスは一五パーセントよくなるか悪くなるかのどちらかだ」という言葉にインスピレーションを得たからだと話すと、彼はほほえんだ。サラエボオリンピックで金メダルを獲ったときは、プレッシャーのことは〝軽やかに無視した〟という。彼は何年も、その瞬間に備えてトレーニングをしてきた。スポットライトが当たり音楽が始まったとき、彼は運を天にまかせたそうだ。ハードワークはもう終わりだ、と自分に語りかけた。あとは楽しむだけだ、と。

サラ・ヒューズも、二〇〇二年のソルトレイクシティオリンピックで金メダルを獲ったとき、同じような対処法をした。ショートプログラムで四位となったとき、一六歳だった彼女は、もう何も失うものはないと考え「大丈夫、なんとかなる」と、思いきった演技をした。『スポーツ・イラストレイテッド』は、このときの彼女の演技を「喜びにあふれた」演技だったと評している。彼女よりも年上で経験も豊富なオリンピアンたちがプレッシャーに押しつぶされていくなか、ヒューズは三回転のコンビネーションジャンプを二度も見事にきめ、金メダルを勝ち取った。「力を出しきりました」。ヒューズはにこやかに答えた。「いままでで最高の演技でした」

プレッシャーはポジティブな力にもネガティブな力にもなる。私の親しい友人のケン・ラビザは、アスリートが競技で経験した〝最高の瞬間〟についての研究結果を、初めて発表したスポーツ心理学者だ。彼によれば、アスリートの八〇パーセント以上が「失敗することをまったく恐れていなかった」と答えたという。彼らは結果のことは考えていなかった。ただ自分の動きに没頭していた。〝ゾーン〟に入っていたのだ。いい結果を手にする確率は、いい結果を出したいという気持ちを手放したときに最大となる。

この前のセクションで説明した、あなただけのメンタル・スタジオに行こう。そして、ブレイクスルーしたときのこと、つまりプレッシャーがプラスに働いたときのことを思い出そう。そのとき自分が何をしていたか、何を感じていたか、どんなことを自分に向かって語りかけていたのか考えてみよう。リラックスしていただろうか、それとも緊張していただろうか。ワクワクしていただろうか、それとも不安を感じていただろうか。失敗を恐れていただろうか、それとも勝ちたいと強く願っていただろうか。結果を気にしていただろうか、それともその活動をすることに夢中になっていただろうか。

何事も受け取り方しだい。プレッシャーはその人の頭の中で生み出されるもの。プレッシャーを感じたら、負けたらどうしようと思うのではなく、チャンスがきたと考えよう。

5

メンタル・タフネスとは

MENTAL TOUGHNESS

選手にとって最も大切なものは、メンタルの強さだ――ミア・ハム

誰にも負けないメンタルの強さは後天的に身につけたスキルであって、生まれもった才能ではない――クリス・エバート

ジョー・ブーゲルがアリゾナ・カージナルスのコーチを務めていたとき、選手への最大の賛辞は〝真のタフ・ガイ〟と呼ぶことだった。真のタフ・ガイとは、戦う強い意志をもった戦士であり、プレッシャーをチャンスととらえ、負けを認めようとはせず、けっしてあきらめないアスリートのことである。ほかのスポーツでタフな選手といえば、あるサッカー選手のことを思い出す。相手のディフェンダーにボールを奪われてしまったとき、彼女はゴールに向かっていくディフェンダーのユニフォームをつかみ、相手が倒れるまでけっして離さなかった。ディフェンダーのユニフォームは半分ちぎれていた。ディフェンダーは信じられないと思いつつも、自分を倒した少女に感嘆してニヤッと笑いかけたのだが、ファウルをしたその少女は、後ろを振り返ることもなく去っていった。

彼女の名はマリエル・マーガレット・ハム。女子サッカーの国際大会において最多ゴールの記録をもつ選手で、まさにメンタルのタフな選手だ。ハムはもともと恥ずかしがり屋の選手で、消極的なスターとも呼ばれていたが、チームメイトにはこんなことを言っていたという。「私たちが勝つのを阻むものは何もない。あるのは、ただ勝ちたいという気持ちだけ」。こうも言っている。「いったんフィールドに足を踏み入れたら、相手にくらいついて、けっして容赦はしないという気持ちで戦っている」

一九九九年は、アメリカの女子サッカーチームの話題でもちきりだった。この年、アメリカはワールドカップで優勝した。延長戦までもつれた決勝で死闘を繰り広げた末、劇的なゴールで中国に競り勝ったのだ。ハムがチームの心臓そのものではなかったとしても、左心室級の働きをしたといえるだろう。

このセクションでは、メンタル・タフネスの七つの要素を定義する。どう行動するか、自分自身や仕事や競技ついてどんな信念をもち、それとどう向き合うかについて述べる。メンタルが強い人は、他と競うことは上へ行くために必要なチャレンジだととらえ、後退するのではないかと恐れることはない。フィジカル面のスキルと同じように、メンタル面のタフさは、質の高い指導と訓練によって獲得することができる。

高い競争心――プロゴルファーのナンシー・ロペスは高い競争心の持ち主だと言明できる。「競争心の高い人は、なんとしてでも勝とうとする」。彼女は言う。「競争心の高い人は、うまくいかないことがあっても、それをバネにしてさらに努力する。競争心のない人は、うまくいかないことがあると、それをやめる理由にしてしまう」。マイケル・ジョーダンがメジャーリーグに転向したのは、まだ闘志があったからだ。史上最強のバスケットボール選手が、なぜほかの競技に挑戦しようと思ったのか。挑戦もせずにあきらめることができなかったからだ。ジョー・ディマジオは晩年、これまでに獲得したトロフィーや記録はいらないから、二五歳のころに戻ってもう一度戦いたい、と語っていた。「ぼくは戦うことが大好きだったし、いまでも戦いたくてしかたない」

ゆるぎない自信――タイガー・ウッズはこう言っている。「プレーするときはいつも、自分がいちばんだと思っている」。ゆるぎない自信をもっているアスリートは、やればできるという気持ちをもっているし、どんなことにも自分は対応できると信じている。自滅的な考えにとらわれることはほとんどない。ジョーダンは試合に臨むとき、誰かがそうでないと証明しないかぎり、自分がコートの中で最も強いプレーヤーだと信じている、と語っていた。それを証明できる人など、まずいなかっただろう。

セルフコントロール——成功するアスリートは、自分の感情と行動をコントロールすることができる。彼らは自分がコントロールできることのみに集中し、コントロールできないことにはとらわれない。メンタルの強いアスリートの特徴は、大きなプレッシャーがかかるときや難しい局面に立たされたときでも冷静さと集中力を保ち、感情をコントロールできることだ。

強い気持ち——メンタルの強いアスリートは、自分の時間とエネルギーを、自分の夢と目標に集中させる。自分で自分の向かう方向を決め、高いモチベーションを維持する。ジョン・マッケンローはこんなことを言っている。「本に書いてあるとおりにショットを打てるのに、グランドスラムに出場できないプレーヤーはごまんといる。グランドスラムに行ける選手は、メンタルがほかのプレーヤーよりもタフだから行けるのだ。勝ちたいという気持ちが誰よりも強い」。アンドレ・アガシはランキングのトップから陥落したとき、もう一度、試合に向けて懸命に努力した。もとの調子を取り戻すために厳しい練習を重ねた。結果がそれを物語っている。

冷静さ——メンタルの強いアスリートは、集中力を切らさない方法と、逆境に対処する方法を知っている。ホッケーのチームと仕事をするとき、私はときどきロッカールームで、選手がこちらに気づいていないときを見計らって、ぐいと押してみることがある。私がそんなことをするのは、彼らのリアクションが見たいからだ。たいていの場合、選手はとっさに拳を構えて肘を引き、パンチを繰り出せるような体勢になる。ホッケーやバスケでは、やり返した選手がペナルティーを課されてしまうことがほとんどだ。テニス選手に対しては、ひとつの試合で二、三回は誤審があることを想定しておいたほうがいいと話している。もっと誤審が多い場合もある。自分の感情にどう対処するかで、試合に勝てるかどうかが決まることもある。メンタルの強い選手は、自分にこう語りかける。「大丈夫。対戦相手に勝って、審判にも勝てば問題ない——やってやろうじゃないか」。私がフェニックス消防署の消防隊員にかけている言葉は、きっとあなたにも当てはまるだろう。「熱くなったときは、冷静でいること」

度胸——メンタルの強いアスリートは、リスクをとることをいとわない。絶頂期のパフォーマーとはそういうものだ。『すべてが最悪の状況に思えるときの心理学』（きこ書房、一九九九年）の中で、著者のポール・G・ストルツは成功を山にたとえている。山を登る者だけが頂上にたどり着ける。途中まで登ってそこにとどまると決めたキャンパーは、頂上まで登った人のように生きている実感を得ることもできないし、満足感を得ることもない。哲学者が言うように、成長して自分のポテンシャルをフルに発揮するためには度胸が必要だ。

一貫性——メンタルのタフなアスリートには内面の強さがある。気分が最悪なときでも最高のプレーができる。彼らは言い訳をしない。

■耳の間の一五センチほどのフィールドで、試合の勝ち負けが決まる。メンタル・タフネスの七つの要素を身につけよう。勝負することを好きになろう。

6 自分の数値を知る

KNOW YOUR NUMBERS

接戦になったとき、ぼくは自分の心拍数をチェックする。一〇〇を超えたら思考に影響が出る――フィル・ジャクソン

興奮の度合いは中程度になるよう心がけている。高すぎても低すぎてもいけない――トッド・ジール

大学院で学んだ心理学のコンセプトのなかでもとくに重要なのが、いわゆるパフォーマンス・カーブだ。「U」の字をひっくり返したかたちの曲線を描いてみよう。その左側に縦軸を書き、その線と交わるように、逆Uの字の下に横軸を書く。そして、それぞれの軸に一から一〇までの数字をふる。横軸はストレスと興奮の度合いを示し、縦軸はパフォーマンスと生産性を表している。

アスリートが興奮状態になるにつれ、両軸の数値は高くなっていく。最も効率がよいのは――

心身ともに最高のパフォーマンスができるのは――人間の機能を示す曲線の頂点にあるとき。つまり逆Uの字の頂点にあるときだ。

選手それぞれに、最高のパフォーマンスをするのに最適な数値がある。一緒にトレーニングに取り組むすべてのアスリートには、〝自分の数値を知っておく〟必要があると話している。また、自分の早期警告サインを知っておくことも必要だ。自分が自動車だと想像してみよう。毎分エンジンを何回転させれば遅すぎず速すぎず、車をスムーズに効率よく走らせることができるだろうか。

個々のアスリートの理想的な数値――パフォーマンスの最適レベル――は次のものによって変わってくる。（一）選手の気質、（二）試合の時間や長さ、そして（三）競技の性質。試合の時間や長さが異なるため、短距離走者とマラソンランナーの数値は同じにはならないだろう。バスケのゴール下で相手と競り合うセンターの選手の数値は、スリーポイントシュートを打つ選手のものとは異なるだろう。先発ピッチャーとリリーフピッチャーでも変わってくる。役割が違うからだ。

何をどう感じるかも、アスリートによって異なる。ほかの人より神経質な人もいる。自動車にたとえるなら、あるアスリートはポルシェだが、あるアスリートはピックアップ・トラックといった具合だ。自動車のオイルやブレーキの不具合を示す警告ランプがついたときの対処法を知っておくことが大切なのと同じように、自分の早期警告サインに気づくことも大切だ。

カブスで仕事をしていたときは、メジャーの元ピッチャー、ジム・コルボーンと一緒に、メンタル面がパフォーマンスに与える影響についての講義を担当していた。早期警告サインのことを説明するときは、わかりやすいように、ある方法を使っていた。集まった選手たちをひととおり見わたしてから、ひとりのピッチャーを指名して前に出てきてもらい、マニュアルを音読してもらう、という方法だ。すると、警告サインを発している選手はすぐにわかる。そういう選手は、どうか指名されませんように、と願いながら私の目の前で萎縮しているからだ。人前で話すことを怖がる人は多い。

ストレスを感じたときに心臓が反応する人は、心拍数が上がる。皮膚が反応する人は、汗をかく。ほかにも、呼吸が速くなったり、胃がむかついたり、首や背中の筋肉がこわばったりする人もいる。これらはすべて、体が発する早期警告サインだ。心の中で私たちはあせりはじめる。そしてネガティブなことをささやく声が聞こえはじめる。

少し前のことだが、NHL（北米プロアイスホッケーリーグ）のあるチームの役員が、私に電話をかけてきたことがある。ドラフトの上位で指名した有望選手が、ルーキーイヤーに苦戦しているという相談だった。

「この選手は何百万ドルも稼げるはずの選手なんだ」。その役員は言った。「それなのに、たった数千ドルしか稼げていない」。どういうわけか、期待どおりの活躍をしていないというのだ。ポテンシャルを発揮できていないようだった。そこで、そのルーキーがマイナーリーグに降格される前に、一度本人に会ってみることを約束した。

初めてのセッションのとき、その選手はドラフトで上位指名されたことに大きなプレッシャーを感じていると話してくれた。試合が始まると、いつも興奮しすぎてしまうのだという。そのため、初めのシフトではパックをうまく扱えず、パスが長くなってしまったりする。ネット際では冷静さを失ってしまう。そこで、パフォーマンス・カーブのことを説明したうえで、こう訊いてみた。「初めのシフトのときのきみの数値はいくつ？」

「九か一〇です」彼が答えた。「一一くらいのときもあります」

「では、最高のプレーをしているときの数値は？」。私は尋ねた。

「六か七です」

つまり、パックが氷上に落とされて試合が始まったとき、この若い選手のタコメーターはすでにレッドゾーンにあるということだ。ルーキーのパフォーマンスに不満をいだいたコーチは、彼をベンチに下げる。何回かのシフトを飛ばしたあと、もう一度試合に出るときは、動きが半歩ほど遅い。足が重く、パスミスもする。スピードに乗れないという。

「そのときの数値は？」。私は尋ねた。

「三か四です」彼が答えた。「五くらいかもしれません」

そこで、試合前に心を落ち着かせられるように、ルーティンを変えることになった。ロッカールームでは、ゆっくりとした音楽を聞くようにしてもらった。試合中は毎シフト、自分も出場しているつもりになるようにと指導した。すべてのシフトに出場することをイメージすることで、彼は自分のプレーと対戦相手に以前より集中できるようになった。じっさいに氷の上に立ったときは、六か七のストレスと興奮状態でパフォーマンスができるようになった――彼にとって最高のパフォーマンスができる数値だ。

私は彼に、パフォーマンスとは、彼がよく気晴らしに弾くギターと同じだ、と話した。弦がゆるすぎると音程が下がってしまう。逆にきつく張りすぎると切れてしまう。楽器の弦がちょうどいいテンションでなければならないのと同じように、アスリートは自分の体をいいパフォーマンスができる状態に調整しなくてはならない。

エンジンの回転速度を上げすぎる選手といえば、デクスター・マンリーのことを思い出す。ワシントン・レッドスキンズに所属していたとき、オールプロ・チームにも選出されたことのあるマンリーは、薬物を使用して出場停止になったあと、一九九一年にアリゾナ・カージナルスに加わった。テキサス州のアービングでダラス・カウボーイズとの試合があった日、チームドクターが私のところへやってきた。

「マック、ちょっとついてきてくれ」。何か心配事があるようだった。彼は不安そうにトレーニングルームに向かった。「マンリーのことなんだ」

知り合ってから数週間しかたっていなかったが、マンリーとはいい関係を築けていた。私は彼が好きだったし、彼も私を信頼してくれていると信じていた。私がトレーニングルームの奥に入っていくと、感情を押し殺した様子のマンリーがいた。レース前に汗をかきながらパドックを歩いているサラブレッドのように、極度に緊張している。うつろな目をして、心ここにあらずといった感じだった。彼は別の世界にいた。

「デクスター。デクスター！」。ゆっくりと、彼に声をかけた。彼が落ち着きを取り戻しはじめたので、彼の目を見ながら、どうしたのかと問いかけた。何を考えていたのか、と。

キックオフの時間が近づいてくるなか、マンリーは自分が子ども時代を過ごしたヒューストンのサードワードのことを考えていた、と言った。貧しい人たちが暮らす界隈だ。「マック、おれは二度とあそこには戻りたくない」。マンリーは試合に備えて自分を鼓舞しようとして、興奮しすぎていた。アスリートにとってはそれが逆効果になることもある。マンリーはすばらしいパスラッシャーだが、確実にヤード数を稼ぎたいサードダウンでは、カージナルスに使ってもらえなかった。オフサイドをして相手チームにファーストダウンを与えてしまうかもしれないと思われたからだ。

このふたつのケースは、パフォーマンス・カーブと、自分の数値を知っておくことの重要性を示すいい例だ。ぜひ覚えておきたい名言を紹介しよう。メジャーリーグの元ピッチャー、カール・ハッベルの言葉だ。彼はスクリューボールを初めて投げたピッチャーである。「まず自分をコントロールしなければ、野球の試合をコントロールすることはできない」

自分をコントロールできなければ、パフォーマンスをコントロールすることはできない。何を考えるか。どう感じるか。そしてなにより、自分の体調をコントロールしなくてはならない。自分の数値と早期警告サインを知っておこう。

7

責任の心理学
RESPONSIBILITY PSYCHOLOGY

自分のピッチング以外のことは自分でコントロールできないと学べたことが、いちばんためになった——グレッグ・マダックス

私からのメッセージはシンプルだ。自分の人生をコントロールしよう——チャールズ・バークレー

一九八九年、グレッグ・マダックスは苦戦していた。秋季のインストラクションリーグ（教育リーグ）中に私の講義に何度か参加していたカブスのこの若いピッチャーは、それまで六試合に登板して五敗という成績だった。防御率も悪かった。マダックスが荒れるのを見て、私は心に誓った。オールスターブレイク【オールスターゲーム期間中の休暇】が明けたあとの最初の登板で改善が見られなかったら、マダックスに電話をしよう、と。結局、私は彼の家に電話をかけることになった。

その後の彼の変わりようには驚いた。七月二三日を皮きりに五連勝したのだ。八月七日に行われたモントリオール戦では完投勝利をおさめ、カブスは一気にリーグのトップに躍り出た——そのままレギュラーシーズンの終わりまでトップを守りつづけた。

多くの人からこう訊かれる。「マダックスにどんなアドバイスをしたのか?」

何も。

じつは私が電話をしたとき、マダックスは不在だったのだ。

スポーツ心理学は能力をつくりだすものではない。能力を発揮する手助けをすることしかできない。体験談を共有することが私の責務だと思っている。このセクションでは責任について述べる。スポーツも人生と同じように、将来や成功の可否はさまざまな要素によって決まるが、そのほとんどは自分自身によって決まる。自分の人生を形づくる責任は自分にある。前に進むも後ろに下がるも自分しだいだ。成功するのも失敗するのも、その原動力となるのは自分以外にいない。

野球殿堂入りを果たしたピッチャー、ドン・サットンの言葉は私のお気に入りだ。「ぼくが成功できたのは、南部の小作農家で育ったからだ。幼いころから自分で自分の責任をとらなくてはいけなかった」

私たちがもっているすばらしい力に、選ぶ力というものがある。私たちはある事柄をどうとらえるのかを自分で選んでいるわけだが、それによって感じ方やパフォーマンスが変わってくる。私がみたところ、若いマダックスは審判やエラーをしたチームメイトに怒る癖があった。人はよく責任のなすりつけあいをしてしまうものだ。だが、成功する人は自分自身や自分の試合の責任をとる。成功する人は、いちばん大切なのは出来事そのものではなく、それにどう対応するかだということを理解している。

どんな状況でも、それにどう対応するかは自分で選ぶことができる。グレッグ・マダックスのようにインナー・エクセレンスをもっている人は、自分がコントロールできることのみに集中する。マダックスは殿堂入りできるような体格ではない。「ぼくは野球選手のようには見えない。ごらんのとおりの体格だから」。アトランタ・ブレーブスの眼鏡をかけた右腕ピッチャーはそう言った。だが、同世代のピッチャーのなかでも最も優れたピッチャーの彼は、殿堂入りを果たすにふさわしい頭脳をもっている。

試合で自分がコントロールできるものは、自分自身とピッチングだけだ、とマダックスは知っている。かつてアメリカンリーグでルーキー・オブ・ザ・イヤー（新人王）を獲得したティム・サーモンはこう言っている。「ぼくは相手ピッチャーのことも、ボールのことも、野手のことも、観客のこともコントロールすることはできない。ぼくがコントロールしなくてはいけないのは自分自身だ」

偉大なスタン・ミュージアルはこう言った。「相手ピッチャーがスピットボール【唾などをつけて投げる反則球】を投げてきても心配するな。文句は言わないことだ。唾がついてないところを打ってやればいい。ぼくが打ったみたいに」

一九九四年の春季キャンプで、私はシアトル・マリナーズのピッチャーたちへの講義を担当していた。その日の内容は責任の心理学だった。アリゾナ州のピオリアに新しくできた野球場の、明るい緑色の芝生がはられたフィールドに集まった選手たちに、私はマダックスの言葉を紹介した。私は彼らに、何が起こるかはコントロールできないが、それにどう反応するかはつねにコントロールできる、と話した。

話し終えたとき、私の携帯が鳴った。

オクラホマのアクセントに、すぐに気づいた。電話をかけてきたのはバディ・ライアン。NFLカージナルスの新しいヘッドコーチだ。私はカージナルスのチームカウンセラーを六年間務めており、数週間前にインディアナポリスで行われたNFLスカウティングコンバイン【ドラフト候補生に対して行われる運動能力やメンタル面のテスト】のときに、初めて彼に会った。彼にいい印象をもってもらえるよう願いながら、私はドラフト候補生たちにビデオインタビューを行った。

「ゲーリー、今日ちょっとこっちに寄れるか？」

「もちろんだ、バディ」。私は言った。「一時間で行くよ」

ピオリアを出ると、私はカージナルスの複合施設があるテンピに向かって、車を南の方角に走らせた。ライアンから電話をもらったことで私は気をよくしていた。ビデオインタビューはうまくできた自信があったし、ヒューストン・オイラーズからカージナルスに移籍してきたばかりの新しいコーチにとって、ビデオインタビューは選手を評価するのに有効な手段だと思っていた。ライアンはヒューストンのコーチをしていたころ、新聞の見出しをにぎわせたことがある。サイドラインで並んで試合を見ていたアシスタントコーチのケビン・ギルブライドに、パンチをお見舞いしたことがあったのだ。

ライアンがカージナルスに移籍してきて「勝者がこの町にやってきたぞ！」と言ったときも大きなニュースになったものだ。私は彼から来シーズンの計画を聞けると思ってわくわくしていた。ライアンはオフィスの外で私を出迎えてくれた。その日はセント・パトリックス・デーだったので、彼は緑色のネクタイを身につけ、ジャケットの襟には緑色のカーネーションをさしていた。血色のよい顔にキラキラと輝く瞳、そして満面の笑みをたたえたライアンは、『フィニアンの虹』【ブロードウェイ・ミュージカル。およびそれを原作とする一九六八年の映画】に出てくるアイルランド人のようだった。

いまの彼のオフィスは、前任者のジョー・ブーゲルと私が何時間もともに過ごした場所だ。そのオフィスにある大きな机の向こう側に、ライアンはドスンと腰を下ろした。私は向かい側の椅子に座った。

「ゲーリー、コーチ陣から話を聞いたよ。みんなきみには敬意をもっているようだった」。ライアンが言った。私は心の底から笑顔になった。「選手たちもきみを気に入っている。信頼を置いているようだ。悪い話はいっさい耳にしなかった。だが、来期はきみと契約しないことにする」

なんだって⁉　頬を平手打ちされたような気がした。私は落ちこんだ。笑顔が顔から消えた。呆然と黙りこくっているうちに、ショックと失望に変わって怒りがこみあげてきた。こんなのフェアじゃない、と思った。口元をぎゅっと引き締め、拳を握りしめた。一瞬、机を飛び越して、たったいまボスではなくなったライアンに向かって、彼が大きな試合の最中に怒りにかられてアシスタントコーチに放ったのと同じような言葉をぶつける自分の姿を思い浮かべた。

でも、何とか思いとどまった。一時間前、ピオリアの暖かい日差しのなかで、メジャーリーグのピッチャーたちに責任について講義をしていたのはこの私だ。私は彼らに、状況をいつもコントロールできるわけではない、と伝えた。コントロールできるのは、それにどう反応するかということだけだ、と。何とか自分を抑え、私は椅子の背もたれに寄りかかった。そして、深呼吸をしてライアンの目をみつめた。

「バディ、もう少しぼくのことを知ってもらいたかったよ」。私の声は落ち着いていた。「私ならきみとチームの力になれるはずだと思っている。でも、しかたない。健闘を祈ってるよ」

私たちは立ち上がって握手をした。

「これからもカージナルスのファンのひとりでいてくれるかい?」。ライアンが訊いた。

もちろんだ、と私は答えた。それから私は彼のオフィスを辞し、毅然としているように努めた。自分で言ったことは守らなければならない。そのとき、そうすることは容易ではなかったけれど。

何が起こるかはコントロールできないが、それに対する反応はいつでもコントロールできる。状況ではなく、その状況にどう対応するかで、違いが生まれる。

8 自分に勝つ

GETTING OVER YOURSELF

ぼくは懸命に練習した。ぼくにも野球ができると思った。ぼくを止めることができるのはぼくだけだった——ジム・アボット

自分に打ち勝つ力は、まちがいなく、スポーツを通じて得た最も貴重な力だ——オルガ・コルブト

ラファエル・コロンは、マリナーズにいたころの私のバイリンガル・カウンセラーで、〈ボイス・インターナショナル〉のトップを務めている。彼はボイスメールでこんなことを言っている。「人生でやりたいことを成し遂げるには、まずは自分で自分の道を妨げないことだ」

ロバート・ケリーの漫画『ポゴ』にも、こんな言葉が出てくる。「敵に出会ったんだけど、それはぼく自身だった」

スポーツ心理学の仕事をしていると、いかに多くの人が自分で自分の成功を妨げているのかを知って驚く。どんなレベルのアスリートにも、自分で自分のパフォーマンスを妨げてしまう人がいる。恐れ、疑い、自責の念などが邪魔をするのだ。

ピッチャーのショーン・エステスは一九九四年に左肩の手術をしたのだが、マリナーズ時代に彼が抱えていた問題はケガだけではなかった。「いいピッチングをしたときでも、ぼくは自分で自分を認めることができなかった」。彼はそう語っている。「いいピッチングができなかったときは、自分を責めた」。シーズン終了後、その左腕ピッチャーはアリゾナ教育リーグに参加した。その冬のあいだずっと、私は彼とメンタルトレーニングに取り組み、自分がコントロールできることだけに集中する訓練をした。エラーや誤審のことは忘れるようにとアドバイスした。そうするうちに、エステスもかつてアーサー・アッシュが言っていたことが理解できるようになった。「あなたが本当に戦っているのは対戦相手ではない。あなた自身だ」。自分で自分の道を妨げない方法を学んだエステスは、サンフランシスコ・ジャイアンツ時代にはオールスターにも選出された。

自己概念【自分で自分をどうとらえるか】は、とても重要だ。死の床にあったジークムント・フロイトは、人生で成功するのに必要なものは愛情と仕事だ、と語った。私たちは誰もが愛されたい、有能でありたい、と思っている。自分に自信がもてなければ、いいパフォーマンスをすることは難しいものだ。ネガティブなセルフイメージをもっている人は、自滅への道を歩んでしまう。ダリル・ストロベリーがそのいい例だ。才能に恵まれ、成功するチャンスが多く与えられたにもかかわらず、なぜこのアスリートは繰り返しドラッグを濫用して自滅してしまったのだろう。

心理学では「自己一貫性」と呼ばれる原理がある。私たちは自己概念――セルフイメージ――と一貫するように行動する、という原理だ。本書では全篇を通じて、自分は成功していると考えることが大切だ、と述べている。自分は成功していると思っていなければ、成功のチャンスもなくなっていく。いいことが起こったときも、それほどいいことと思えなくなる。

誰にでもパフォーマンスの妨げになるような自己破壊的な思考や行動がある。私はそれをグレムリンと呼んでいる。アスリートが最高のパフォーマンスをするのを妨げる、小さな目に見えない生き物だ。いまからグレムリンのチェックリストを挙げる。ひとつでも当てはまるものがあったら、その対処法が書かれたセクションを読んでみてほしい。

恐れ――人間には生き残るために必要な「闘争・逃走反応」というメカニズムが組み込まれている。これは神経による反応だ。人間は何かに脅かされると、それと闘争するか、それから逃走するか、どちらかに備える状態になる。先にも述べたように、体はありありと思い浮かべたイメージを、いま実際に起こっていることのようにとらえる。だから、現実に命や体が脅かされている状況でなくても、自尊心やエゴが脅かされていると感じるとそうなる。カップまであと一二〇センチの、下りの切れるパットを打つときに、秀才の脳外科医の手足が震えてしまうのは、セルフイメージが脅かされているからだ。恐れは体を思うように動かなくさせることがある。

怒り――私たちは自分の感情をコントロールすることを学ばなくてはいけない。さもなければ感情にコントロールされてしまう。怒りはフラストレーションと期待から生まれるものだ。思ったとおりにうまく体が動かないこともあると心得ておこう。コミック『ピーナッツ』にもこんな場面が描かれている。チャーリー・ブラウンがキックするボールを、ルーシーがおさえている。チャーリー・ブラウンが蹴り損ねると、ルーシーは頭と体を使わなくてはだめだ、と彼に言う。するとチャーリー・ブラウンはルーシーにこう言う。「ぼくの頭と体はもう何年も会話をしてないんだ」

不安――不安とは、心配や恐怖といった感情全般のことという。何か悪いことが起きそうだという感覚だ。たとえば野球では、ウォーミングアップでは調子がよかったのに、いざラインを越えてフィールドに足を踏み入れると、いいピッチングができないというピッチャーがいる。私たちはこれを〝ホワイト・ライン・フィーバー〟と呼んでいる。誰でも不安になることがあるが、このグレムリンに感染した人は、不安になるのではないかと不安になる。そうなるとトラブルに陥ることは必至だ。

自意識過剰――アスリートのなかには、自分が格好悪く見えたり、恥ずかしい思いをしたりするのを怖がる人がいる。そういう人は目の前のやるべきことではなく、自分が周りにどう見えるかを考えてしまう。オジー・スミスはこう言っている。「自分が格好悪く見えるのを怖がっているやつが相手なら、おれは毎回勝てる」。恥ずかしい思いをするのを怖がっていては、いいパフォーマンスはできない。

完璧主義――ショーン・エステスの最大の敵は自分自身だった。彼はけっして自分のパフォーマンスに満足することはなかった。自己批判をするネガティブな完璧主義者は、どれだけやっても満足することがない。たいてい、彼らの思考は失敗を恐れる気持ちによって助長されている。完璧主義者は自分に対してとても批判的で、自分を責めてしまうことが多い。条件付きの愛情で育てられると完璧主義になることが多いのではないかと私は考えている。子どもをリトルリーグに通わせている親たちは、自分のネガティブなコメントが子どもの自尊心を傷つけていることに気づかない。子どもがした失敗のことを話すとき、その子ども自身が失敗であると言ってしまっている。すると、子どもは批判を自分自身に向ける。子どもに恐怖を感じさせたり恥ずかしい思いをさせたりするような、批判的で子どもを責めるコーチも、子どもの心の健康を傷つけている。

意固地――強情で、新しく何かを学びたがらない人がいる。変化を受け入れないのだ。得体の知れない事態よりも、正体のわかっている災いのほうがまだましと思っている。一段上のレベルに行くのに必要なリスクをとろうとしない。これはとても残念なことだ。スポーツにおいては、うまく失敗することを学ばなくてはならない。

モチベーションの欠如――最高のパフォーマンスをしようという意欲にそもそも欠けるアスリートがいる。モチベーションはお金では買えない。誰かほかの人から手に入れることもできない。「モチベーションは誰かからもらえるようなものではない」。ジョー・ディマジオは言った。「周りの人はあなたに刺激を与えることはできるが、モチベーションは基本的に自分の中から湧いてくるものであるべきだ。どんな状況にあっても、つねに全力を尽くしたいという気持ちでいなくてはならない」

競争心の喪失――私たちはみな、競争が好きだ。誰もがみな、成長して成功したいと望んでいる。けれども、小さいころにスポーツで経験したネガティブな出来事のせいで、やる気を失ってしまう人が大勢いるのではないかと私は思っている。恥ずかしい思いをさせられたり、えこひいきをしたりするコーチについている人もいるだろう。その結果、簡単にやる気を失って「頑張ってもしかたないのでは？」と考えるようになってしまう。これを学習性無力感という。いっぽうで怠惰な人もいる。そういう人は努力をしたがらない。毎年、こう言って電話をかけてくるアスリートがいる。「マック、きみの言うことを聞いていればよかったよ」。彼らの多くは天性の才能にあふれているのに、ポテンシャルをフルに発揮するために時間と労力をかけたがらなかった。才能だけで何とかやっていけると思っていたのだ。だが後年になって、それだけではやっていけなかったことを認めている。

気持ちの乱れ——アスリートのなかには、競技に差し障るような生活をおくっている人もいる。そういう人は自分を律しようとはしない。ドラッグの濫用で何度も出場停止処分となったストロベリーは、このグレムリンにやられた例だ。ダラス・カウボーイズの元選手で小説家のピーター・ジェントはこう言っている。「アスリートは『きみは例外だ』と言ってくれる人とつきあうものだ」。一晩じゅうパーティーをしていても次の日には試合に出られると考えている選手は、ニュートンの法則どおりになる。つまり、上に上がったものは必ず下に落ちてくるということ。野球ではそれが打率に表れる。

打たれ弱い——うまくいかないときに楽観的でいつづけるのは簡単なことではない。けれども、最も成功する人というのは、挫折を再起のチャンスだととらえる。彼らはねばり強い。負けを受け入れない。ジム・アボットを見てみるといい。彼は生まれつき右手がなかったが、メジャーリーグで一〇年間もプレーし、ノーヒットノーランも達成した。アメリカの自転車ロードレース選手、ランス・アームストロングを見るといい。彼は癌を克服してツール・ド・フランスを二連覇した。カート・ワーナーはスーパーマーケットの店員からセントルイス・ラムズのクオーターバックになり、スーパーボウルで優勝した。

自分自身を見つめて、自分を妨げているグレムリンの正体をつきとめることが大切だ。人生においてもそうだが、スポーツにおいて成功するための第一歩は、自分で自分の道を妨げないことだ。

9

一段上のレベルへ

THE NEXT LEVEL

知識から何を学ぶのかが大切だ――アール・ウィーバー
弱点は強みに変わるまで鍛えあげろ――クヌート・ロックニー

数年前、日本に行って日本のプロ野球チームと仕事をしたことがある。そのときの経験は最も忘れがたいもののひとつだ。オリックス・ブルーウェーブと活動するなかで、私はカイゼン（改善）と呼ばれるコンセプトを学んだ。日々学び、改良を続けるという意味だ。このコンセプトはスポーツだけではなく、世界じゅうのビジネスの場でも活用されている。映画『ミスター・ベースボール』にもそれが描かれている。

映画では、トム・セレックがジャック・エリオットの役を演じている。エリオットはニューヨーク・ヤンキースの往年の強打者で、一塁を守っていた選手だ。彼が長いスランプに苦しんでいるとき、球団は彼をラインナップから外し、代わりに若い選手を入れる。そこで、エリオットの代理人は彼を日本のチームに移籍させることにし、高額の契約を結ぶ。

移籍先のドラゴンズに合流した彼は、傲慢で、自分は何でも知っているといわんばかりの態度をとる。ワールドシリーズでMVPを獲得したこともある彼は、頭が硬くナンセンスな規律を重んじる日本の監督と衝突。野球はアメリカでは楽しんでやるものだったが、日本では仕事と考えられていた。

初めてのバッティング練習で、エリオットは自分のパワーを見せつけ、速球をスタンドの上段にたたきこむ――それが彼のウリだ。すると、コーチはバッティングピッチャーに、球速の遅い球を投げるように指示する。彼は自信たっぷりにスイングをするが空振り。その後も、バットは空を切るだけだった。監督は通訳をとおして「きみのバッティングには〝穴がある〟」と新人のエリオットに伝えた。

試合でも、相手のピッチャーは速球を投げてこない。不満をつのらせる彼が自分には弱点があることを認め、バッティングの穴を埋める努力をするまで、速球がくることはなかった。自信たっぷりで、自分は何でも知っていると思って日本にやってきた彼は、映画の最後ではさらにいいバッターになり、より完璧な選手になる。日本人は彼に謙虚になることを教え、彼は日本人の監督やチームメイトに、試合をもっと楽しむことを教えた。

日本の選手は自分を知り、自分の弱点を克服するプロセスに力を注ぐ。それに対してアメリカの選手は、結果のほうに重点を置いているように思う。私はルーキー・キャンプに参加するすべての選手に対して（相手がアレックス・ロドリゲスだろうとケン・グリフィー・ジュニアだろうと同じだ）、プロセスをもっと重視しようと伝えている。今日は何を学ぼう？　どうすれば明日はもっとよくなれるだろう？　数字や結果を案じるのではなく、学び、成長し、上達するというプロセスについて考えてもらいたい。学ぶ方法を学ぶには努力が必要だ。

「野球のことをつねに学んでいなくてはならない」。アリゾナ・ダイヤモンドバックスのエースだったランディ・ジョンソンはそう語っている。「野球のことはすべてわかっているなんて思ってたら痛い目にあう」

私はパラシュートの法則を信じている。心はパラシュートのようなもの。うまくいくのは開かれているときだけだ。

もっとうまくなりたいなら、アスリートは自分の強みと弱みを認識しなくてはいけない。そして、弱みを強みに変えるように努力しなくてはいけない。優れた野球選手だったハンク・アーロンは、メジャーに入ったばかりのころの自分を振り返ってこう言っている。「どうすればヒットが打てるのか、よく考えていた。つねにピッチャーの研究をしていたし、打てないピッチャーがいたら、そのピッチャーについてもっと研究した。どうして打てないのか知りたかったし、どうすれば打てるようになれるか知りたかった。ドジャースのドン・ドライスデールには緩急をつけたピッチングでやられていた。だから最初の一年が終わったあと、故郷のアラバマ州モビールに帰ったときは、兄のトミーにチェンジアップを投げてもらって練習に励んだ。それからは、相手もあまりチェンジアップを投げてこなくなった」

マジック・ジョンソンの父親は、競技のどの面にも手を抜かないようにすることが大切だ、と息子に教えた。とくに努力が必要な面はなおさらだ。「相手は必ずぼくの弱点をついてくると父さんに言われたんだ。どんな試合でも、相手はすぐにぼくの弱点を利用してくるはずだ、と」。ジョンソンはそのときのことを振り返って言う。「父さんによれば、ぼくの弱点はネオンサインのように目立って見えるらしいんだ。左手でうまくドリブルできないこととか、ディフェンスをさぼりがちなこととかは、簡単にばれてしまう。バスケのコート上ではけっして逃げ隠れはできないと、父さんに教わった」

趣味でゴルフをする人は、週末になると練習場に行ってボールを遠くに飛ばそうと躍起になるが、そこはあくまで〝練習〟をしに行く場所だ。練習時間の七割を遠くに飛ばす練習に費やす人が多いが、いざゴルフコースに出れば、七割のショットは一〇〇ヤード程度にすぎない。

人間はやっていて楽しいことや、うまくできることを練習したいと思うものだ。ゴルファーのナンシー・ロペスはこう言っている。「うまくなりたければ、うまくないことを練習しなくてはならない」。ピート・ローズはこんなふうに言っている。「本当に大変なのは、自分が苦手なことに真剣に取り組むことだ」

タイガー・ウッズは一九九七年のマスターズを歴史的な大差で勝利したあと、自分のプレーを再検証した。そして弱点をみつけたのでスイングを少し変えたところ、より正確なティーショットを、より確実に打てるようになったという。私自身は高校、大学とテニスをしていたが、バックハンドが苦手だった。若いころは回りこんでフォアハンドで打つことができたので、その弱点を克服しようと努力したことはなかった。いまは回りこんで打つのが難しいので、バックハンドがフォアハンドよりもうまくなった。

たいていの人は変化に抵抗を感じる。居心地のいい場所にとどまることを好む。逆説的だが、よくなる前にはいったん悪くなる時期が必要なときもある。変化を起こして弱点を克服するには、思い切った決断が必要だ。アーロンがモビールに帰ってチェンジアップを打つ練習をしなかったら、どうなっていただろう。あれほどの強打者になれただろうか。たぶんなれなかっただろう。

あなたの得意なことはなんだろう。苦手なことは？　あなたの弱点はなんだろう。自分に正直になろう、そして学ぶことをいとわないようになろう。自分の弱点を受け入れよう。抵抗するのではなく。そして、自分の欠点を強みに変えるための行動計画をたてよう。

覚えておいてほしい。あなたの心はパラシュートのようなものだ。外に向かって開かれているときにだけ、うまく働く。今日、何を学んだだろう？　そのおかげで明日はどんなふうに成長できるだろうか。弱みが強みに変わるまで努力しよう。

第二部　夢を生きる

10

夢の力を信じる

GOOD ENOUGH TO DREAM

この世界で何かを成し遂げたいなら、夢と目標をもたなくてはいけない――ルー・ホルツ

夢そのものになれ――ジョン・チェイニー

一九八九年一〇月四日の夜、私は笑顔が止まらなかった。このとき私は父の故郷シカゴで、父が好きだった野球場のボックス席に座っていた。その日の試合はとても貴重ですばらしいものだった。理由は三つある。まず、カブスが進出したプレーオフの試合だったこと。それから、レギュラーシーズン後に初めてリグレー・フィールドで行われるナイターだったこと。内野グラウンド、芝生がはられた外野、スタンド席、そして蔦のからまった壁が照明に明々と照らされ、球場の雰囲気もそれと同じくらい華々しかった。暖かい空気のなかにもほのかに秋の気配が感じられたその夜、古い野球場は魔法のような光を帯びていた。

でも、私が本当に魔法のように感じたのは、試合が始まる前のアナウンスを聞いたときだ。場内アナウンサーのキンキン響く声がスピーカーから聞こえてきたときに湧きあがってきた喜びを、私はけっして忘れることがないだろう。「五番、レフト、ドワイト・スミス！」

私はボックス席でほほえみながら、四年前のある日のことを思い出していた。記憶がすべて蘇ってくる。壁に囲まれた部屋。上等とはいえない調度品。天井には電球がひとつぶら下がっていて、リグレー・フィールドのクリーグ・ライトのように部屋を照らしていた。

この物語が始まったところ――アリゾナ州・メサにある格安モーテルの一〇六号室――に私の意識は戻っていった。

メジャーリーグのチームは、若手の有望株の実力を五つの観点から評価する――打撃、長打力、走塁、守備、送球。では、選手の頭や心の中はどうやって評価するのだろうか。

カブスの新しいカウンセラーだった私は、一九八五年の春季キャンプで、若手の有望株三〇人と面接をすることになっていた。滞在していたモーテルでひとりひとりに電話をかけ、私の部屋まで来てもらった。

彼らは三〇分おきにひとりずつ、おずおずと私の部屋に入ってきた。スペイン系の子。都市部出身の子。田舎出身の子。カリフォルニアのサーファー。次から次へと若者がやってきた。私はベッドに腰かけて笑顔で自己紹介をし、向かい側の椅子を勧めた。

「ちょっと聞かせてほしいんだが」。私はこう切り出した。「三年後、あるいは四年後のきみはどうなっていると思う?」。ちょうどそのころにメジャーに昇格するのが普通だ。何人かの選手は肩をすくめた。明日のことだけで精いっぱいだという。そこまで先のことは考えたことがないという選手もいた。ほとんどの選手が、自分はどうなりたいのか、自分は何をしたいのか、明確に答えられなかった。モチベーションは何かと尋ねると、ある若い選手は率直にこう言った。「トレドにあるフォードの工場では働きたくない」。工場でタイムカードを押す生活をしたくないということだけは、わかっているようだった。

そして、ドワイト・スミスがぶらっと部屋に入ってきた。彼が何を着ていたのかは忘れてしまったが——たぶんTシャツとショートパンツだったと思う——そのときの彼の笑顔は一生忘れないだろう。彼の笑顔で部屋がパッと明るくなった。スミスに将来のビジョンを尋ねると、ドラフトの上位指名ではなかったその若者は、ためらうこともなくこう言った。「ぼくは将来、リグレー・フィールドでプレーする。打率は三割だ」。サウスカロライナ州の田舎出身の彼は、スターティングメンバーとして外野を守る自分の姿を思い浮かべていた。国歌を歌う自分の姿まで思い浮かべていた。頼んでもいないのに、彼は突然ルーサー・ヴァンドロスの歌まで歌いはじめた。いい声だった。自分でもそれをわかっているようだった。

ドワイト・スミスは自分の明日を鮮やかに思い描いていた。聞いていた私も鳥肌がたった。彼の自信に感心し、彼の夢の力に心が揺さぶられたのだ。

一九八九年、スミスはメジャーに昇格した。二六歳の誕生日を迎えたその年、彼は次点で敗れはしたものの、カブスでルームメイトだったジェローム・ウォルトンと新人王争いを繰り広げた。二四人いる選考委員の全員が名前を挙げたのは、スミスだけだった。のちに彼は国歌の『星条旗』を、リグレー・フィールドやほかのメジャーリーグの球場で歌うことになる。引退試合となったのは、アトランタで行われたブレーブスのプレーオフだ。試合前に国歌を歌った彼は、ワールドシリーズのチャンピオンリングを勝ち取った。

この本の構想が思い浮かんだのは、スミスの試合を見にシカゴへ飛んだ日のことだ。飛行機の中で、私は自分が学んだ目標達成の心理学や成功の心理学を紙に書きはじめた。世の中には楽観的な人がいる。そのいっぽうで悲観的な人もいる。ドワイト・スミスのように楽観的な人は、とても鮮明なイメージを思い描き、夢がかなったときの感覚まで想像する。マーティン・ルーサー・キング・ジュニアは「私には夢がある」と言った。「私にはいい考えがある」とは言わずに。

ウェイド・ボッグスは六歳のとき、自分はいつかメジャーリーグでプレーするとわかっていた。ジョニー・ベンチは二年生のとき、将来何になりたいかと先生に訊かれた。野球選手になりたいと答えると、クラスメートに笑われた。八年生のときにも同じことを訊かれた。「そのときも野球選手になりたいと答えたら、クラスメートは前より少しだけ大きな声で笑った」。ベンチは当時を思い出して言う。「でも一一年生になるころには、誰も笑わなくなった」

マイケル・ジョーダンはこう言っている。「ぼくが尊敬するジュリアス・アービング、デンゼル・ワシントン、スパイク・リー、マーティン・ルーサー・キングは、みんな自分のビジョンをもっていた。そして誰にも、何物にも惑わされなかったし、邪魔をさせなかった」

並外れた人は逆算しながら生きている、と言われる。彼らは将来を思い描き、そこに向けて生きていく。そこで、私は逆算して行動するトレーニングを勧めている。略して「ACT」。あなたもぜひやってみてほしい。「A」は現状を〝受け入れる《Accept》〟こと。この前のセクションで述べたとおり、自分の強みと弱みを理解しよう。「C」は自分の望む姿を頭の中で〝つくる《Create》〟こと。ドワイト・スミスには夢があった。あなたの夢はなんだろう? 目を閉じて、自分がなりたい姿をはっきりと思い浮かべてみよう。望む状態がどんなものか、書き出してみよう。「T」は、そこへたどり着くための行動を〝とる《Take》〟ことだ。一歩ずつ歩みつづけた先に成功がある。長い旅は初めの一歩から始まる。

夢の力を信じて、逆算して行動しよう。まず自分の現状を受け入れる。次に望む状態を思い浮かべる。そして目標を設定して行動を起こそう。

11

完璧ではなく進歩を目指す

PROGRESS NOT PERFECTION

ぼくは目標を設定することが大事だと強く信じている。一歩一歩進むこと。それ以外に何かを成し遂げる方法を知らない——マイケル・ジョーダン

大事なのはそこへ至るまでの道のりであって、結果ではない——カール・ルイス

大学に所属するふたりの研究者が、スポーツを含むさまざまな分野で活躍中の数千人を対象にした研究を、長年行ってきた。その結果エドウィン・ロックとゲーリー・ラッサムが発見したのは、成功する人は目標志向であるということだ。彼らにはビジョンがある。前のセクションで述べたように、夢を鮮やかに思い浮かべている。そのうえで目標を設定し、そのビジョンを達成するための行動をしている。

目標設定は、個人が成長して最高のパフォーマンスをするのに欠かせないスキルだ。これはいくら強調してもしすぎることはない。目標がなければどこに向かって生きていけばいいのだろう。どこに向かっているかわからないまま歩いていたら、着いた所は自分が望んだ場所ではないだろう。

抜群の指導力を誇る高校の水泳コーチ、ディック・ハヌーラはこう言っている。「モチベーションの大部分は、目標設定に左右される」。コーチも目標をもたなくてはいけない。チームも目標をもたなくてはいけない。各水泳選手も目標をもたなくてはいけない──現実的で、明確で、やる気のでる目標を。（中略）目標があれば、それに集中できる」

目標を設定することによって将来を現在に引き寄せて考えられるようになり、いま必要な行動をとれるようになる。目標があればパフォーマンスが向上する。目標があれば練習の質も上がる。目標を設定すれば自分の望むものが明確になるし、少しずつ上達する自分の姿を見ることで自分に自信がもてるようになる。水泳コーチが指摘したように、目標を達成しようというモチベーションも高くなる。

目標を設定するときの原則を見ておこう。まず、結果目標だけでなく、パフォーマンスの目標をたてること。パフォーマンスの目標あるいは行動目標は、自分でコントロールできるものだ。たとえば野球なら、打率三割を達成したければ、バッティング練習のときに球すじを見極める練習も必要になってくる。メジャーリーグの打者には、試合中の四打席の質を高めることに集中するようにと話している。すると「今日の試合ではヒットを二本打とう」ではなく、打席の質を高めることが目標になる。打席の質を高めることに集中することが行動目標になる。結果はおのずとついてくるだろう。

目標はやる気のでるものでなくてはならないが、現実的でなくてはいけない。「目標設定は一種の技能だ」。ゴルファーのグレッグ・ノーマンは言った。「大事なのは適切なレベルに設定することだ。低すぎても高すぎてもいけない。いい目標は努力をしようと思えるくらい高く、それでいて必ず達成できると思えるくらいに現実的なものでなくてはいけない」。ディック・ハヌーラはこう表現している。「目標は奮い立つくらい高くなくてはいけないが、鮮明にイメージできないほど高くてはいけない。目標は達成できるものでなくてはならないが、いまは手が届かないものでなくてはいけない」

目標設定のポイントは略して「SMART」と覚えよう。「S」は〝Specific（具体的な）〟。たとえば、リトルリーグや高校のチームで三塁手になりたいとしよう。すると、具体的な目標は守備を鍛えることになる。「M」は〝Measurable（測定可能な）〟。「毎日、一〇〇本のノックを受ける」などがそうだ。「A」は〝Achievable（達成可能な）〟。目標は達成可能なもので、自分のコントロールのおよぶ範囲内にする。「R」は〝Realistic（現実的な）〟。達成できると信じられるものにしよう。「T」は〝Time-bound（期限を定めた）〟。目標達成日を設定すること。目標とは期限が定められている夢だ。どんな目標も達成する期限を決めることが必要だ。

私はアスリートたちに、日々の目標あるいは短期の目標を決めるように勧めている。長期の目標を達成するには、それをいくつかの小さなステップに分けるといい。目標は階段のように設定すると効果的だ。階段を登るように、ひとつひとつ行動を起こしていく――進歩を積み重ねていくのだ。古いことわざにもあるように「一インチずつなら簡単だ」

ある日、私はNFLチームのゼネラルマネジャーから電話を受けた。彼は心配そうな声で、ドラフトで上位指名した若いクオーターバックの選手がよく眠れないようだ、と言った。その選手は夜になると、眠るためにお酒を飲むようになったそうなのだが、それでも眠れないばかりか、ほかの問題も出てきたという。そこで、その選手とチームの役員に会って話をし、しばらくカウンセリングをすることになった。私はその期間の目標をたてた。

最初のセッションのとき、その選手は私にとても心を開いてくれ、チームとの五年契約のことや、年俸のことまで話してくれた。クラブ側は彼に、攻撃陣を引っぱってプレーオフに導いてくれることを期待していた。マネジメント、コーチ陣、そしてファンも彼に期待を寄せていた。その責任が彼の肩に重くのしかかっていた。

そのルーキーは〝しなければならない〟という思いにとりつかれていた。「これをしなければならない……あれをしなければならない……」。すべてのことを一度にやろうとしていた。将来のことも心配していた。将来どうなるかは自分のコントロールのおよばない範囲なのに。私は彼と一緒に五年間のロードマップを作成し、いくつかの小さな、でも大切なステップを書きこんでいった。短期の目標を設定したのだ。具体的な目標を。そう、SMARTな目標だ。

ミーティングのあと、そのルーキーはまるで別人のようになった。自分を取り戻したようだった。意欲的な行動計画をたてたことで、コントロール感を得ることができたのだ。人間が最も恐れるものは、自分でコントロールできないものと、自分の知らないものだ。小さな目標を設定してそれを達成すれば、選手はポジティブなフィードバックが得られるし、モチベーションも高まる。上達するにつれ、自信も高まる。

ダイヤモンドバックスのある若いピッチャーが、まだマイナーリーグのクラスAにいたときに、私のホットラインに電話をかけてきたことがある。彼はパニックに陥っていた。何があったのか尋ねると、メジャー入りを狙うその若手有望選手は、シーズン序盤は五試合に登板して四勝と調子がよかったのだが、それ以降三連敗したと話してくれた。たいへんな落ちこみようだった。それまで負けた経験がなかったので、プロとしての自分の将来に疑問をいだいたというのだ。

私は彼に、三連敗したときの防御率はシーズン序盤に比べてどうだったか、と質問した。防御率は良い、と彼は答えた。初球はどうだったか尋ねると、ストライクが多かったという。私は彼に、自分ではそうは思えないかもしれないけれど、きみはよくなっている、と伝えた。ただ結果が自分の思いどおりにならなかっただけだ、と。そして、勝敗は自分のコントロールのおよばない範囲だと理解してもらった。彼がコントロールできるのは防御率、与四球率、被打率だ。パーフェクトである必要はない。完璧を目指すのではなく進歩することを目指そう、と伝えた。

あなたはスポーツで何を達成したいだろうか。奇跡は目標を設定したときから始まる。あなたの目標はなんだろう？　リストをつくってみよう。紙に書きだしてみよう。それが、夢を行動に移して現実のものとする最初のステップだ。

目標とは期限を設けた夢のことである。目標を設定してビジョンを行動に移そう。完璧ではなく進歩を目指そう。

12

努力を惜しまない

DON'T SHIRK THE WORK

才能だけでは不十分だ。ほぼ例外なく、最高のプレーヤーは最高の努力をしている——マジック・ジョンソン

努力すればするほど、ねばり強くなる——ヴィンス・ロンバルディ

私は六年間、夏のあいだはアリゾナ州・フラッグスタッフの山間部で過ごしていた。NFLのアリゾナ・カージナルスが、そこでキャンプをはっていたからだ。選手たちは標高二〇〇〇メートルの地で、松の香りのする空気を吸いながら、これから始まるきついシーズンに向けて心身の準備を整える。七月の明るい太陽のもと、レギュラーメンバーになりたいルーキーと、いまのポジションを守るのに必死なベテランが、ダッシュを繰り返したり、冗談を言いあったりする。そして午前と午後の二度、プロテクターをつけて激しくぶつかりあう。

誰しも勝ちたいと思っている。どのアスリートも成功したいと思っている。けれども、じっさいに勝てるのは、ただ勝ちたいと思うだけでなく、勝つために必要な犠牲を払おうと思える人だ。高地での最初の数日の練習が終わったあと、選手たちの目を見て、ボディーランゲージを観察すれば、夢をかなえるために犠牲を払う覚悟ができている選手はおのずとわかる。そのひとりがリッキー・プロールだった。

私がプロールに出会ったのは一九九〇年のシーズン終了後のことだ。当時、彼はウェイク・フォレスト大学の四年生で、インディアナポリスで行われていたNFLスカウティングコンバインに参加していた。コンバインでは春のドラフトに先立って、何千人ものプロ志望選手の面接、身体測定、タイム計測、検査、評価を行う。私もカージナルスのチームカウンセラーとして、何十人もの選手と面接をした。私はすぐにリッキー・プロールが気に入った。ニュージャージー州出身のこの生意気なワイドレシーバーは、NFL向きの体格ではなかった。体も小さいし、俊敏なプロのコーナーバックやセーフティーに太刀打ちできるほどのスピードはないだろうと、ほとんどのスカウトは考えていた。けれども、私は彼の態度が気に入ったし、自分に自信をもっているところも高く評価した。

プロールはウェイク・フォレスト大学のレシービングチームで、三年続けてリーダーとして活躍していた。パス成功数の大学記録ももっている。彼は自分がNFLでプレーするところを頭に思い描いていた。若き日のドワイト・スミスがリグレー・フィールドでカブスのユニフォームを着ている自分の姿を思い描いていたように。アトランティック・コースト・カンファレンス【大学スポーツのリーグのひとつ】でプロールと競い合ったほかのプロ志望選手が、彼がどんな選手であったか証言している。「リッキー・プロール？　あいつは何度も何度も向かってくる」。「あいつは完璧なルートを走る」。「あいつはファイターだ。けっしてあきらめない」。私はカージナルスが彼をドラフトで指名することを願っていた。チームは彼を三位指名した。

その一〇年後、NFCチャンピオンシップ・ゲームは第四クオーターの終盤を迎えていた。セントルイス・ラムズがハドル【プレーとプレーの間の作戦会議】を解く。ラムズはこの時点でタンパベイ・バッカニアーズに六対五とリードを許していた。まるで野球のようなスコアだ。残り時間は五分。ラムズのクオーターバック、カート・ワーナーが作戦名を伝えた。「フレックス、左スモーク、右五八五、Hチョイス」。ボールがスナップされると同時に、四人目のレシーバーが左のサイドラインをかけ上がる。レシーバーが目を見開いてドームの照明を見上げると、そこにスパイラルがかかったボールが飛んできた。彼は右手でディフェンダーをかわし、左手でボールをキャッチした。

タッチダウン。三〇ヤードのパスをキャッチして見事に勝利したラムズはスーパーボウルに進出し、背番号八七の選手——リッキー・プロール——が『スポーツ・イラストレイテッド』の表紙を飾った。「一〇年間NFLでプレーしてきて、ずっとこのときを夢見ていた」。プロールはそう語った。ウェイク・フォレスト大学でプレーしていたこの青年は、カージナルスに入ったあと、弱かったシアトル・シーホークスへトレードされ、その後、戦績の悪いシカゴ・ベアーズを経て、四勝一二敗だったセントルイス・ラムズへ移籍していた。本拠地のトランス・ワールド・ドームで努力を積み重ねた末、彼はジョージ・ハラス・NFCチャンピオンシップ・トロフィーを獲得した。

フロリダ大学のラース・アンダースは、プロの技術を獲得するには一〇年かかるとわかった、と『デリバレイト・プラクティス』で書いている。リッキー・プロールは長年ボールをキャッチしてきたが、一〇年間の努力があったからこそ、あの晩に成功をつかみとることができたのだ。

人生でもそうだが、スポーツでは強い気持ちがなにより大切だ。ヴィンス・ロンバルディは、それを心のパワーと呼んだ。「自分が望めば成功できる」。殿堂入りしたコーチが言った。「自分自身を信じて、勇気と、決意と、努力と、競争心をもち、生活の一部を犠牲にすることをいとわず、努力する価値のあるもののために代償を払えば、それは可能だ。全力を傾ければ（中略）世界で最も強力な後ろ盾ができる。それは私たちが心のパワーと呼ぶものだ。強い気持ちがあれば、成功を阻むものは何もない」

野球の名バッター、トニー・グウィンの言葉を見てみよう。「自分をごまかして、そこそこうまくやっていくのは簡単だが、それは誰にでもできることだ。その場をうまく切り抜けさえすればいいのだから。けれども、長く成功しつづけたいなら、もう少し頑張って努力しなくてはならない」

ロッド・カルーは、天性の才能をもちながら努力をしたがらない野球選手をたくさん見てきた、と語っている。「そういう選手はすぐに姿を消す」。カルーは言う。「特筆するほどの才能がなくても、一四年も一五年もメジャーリーグにいつづける選手を見てきた。（中略）努力を惜しまないようにならないといけない」

アンドレ・アガシはテニスの世界ランキング一位から一四一位に陥落したことがあった。復活を誓った彼は、調子を最高の状態にもっていけさえすれば、誰にも負けないと信じることにした。「しっかり練習をしてもう一度足場を固めなくては。そうしなければ、調子なんて簡単に落ちてしまう」。アガシはそう言った。見事に復活した彼を見れば、宿命のライバル、ピート・サンプラスを倒すまでは引退するわけにいかないと思っていたことがわかるだろう。

ロブ・エバンスは大学のバスケットボールチームの練習を強化した。現在、アリゾナ州立大学でヘッドコーチを務めているエバンスは選手たちにこう言っている。「自分はマイケル・ジョーダンみたいにうまくはなれないと思っているかもしれないが、ジョーダンと同じくらいの熱意で同じくらいの努力をすることができない理由はなにもない。才能がどれくらいであろうと、いつだって努力することはできる」

あなたはどうだろう。この本を読み通そうと決意しているだろうか。書いてある教訓を読んで楽しむのはいい。けれども、結果を出したいなら、そこから一歩踏み出して、質問に答えたり、エクササイズをしたりしなくてはならない。メンタル面のスキルは技術面のスキルと同じように、努力しなければ上達しない。

私が気に入っている言葉のひとつに、テニスの名選手だったビョルン・ボルグの言葉がある。

「テニスの練習をするために、毎日学校が終わると電車でストックホルムまで行っていたことを覚えている。遅くなってから家に帰り、勉強をして、次の朝起きてまた学校へ行き、電車に乗る、という生活を何年も続けていた。そのおかげで結果を残すことができた。けれど、もし結果が出ず、チャンピオンになれなかったとしても、自分はやれるだけのことはやったと言える。がんばった。電車に乗って、がんばった、と」。

あなたも同じように電車に乗っているだろうか。目標に向かって進んでいるだろうか。そうでないなら、いったい何をためらっているのだろう?

一夜にして成功をおさめるにも、何年もの努力が必要だ。そのための強い気持ちと犠牲を払う覚悟はあるだろうか。

13

雑念をふりはらう

FATAL DISTRACTIONS

障害とは、目標から目をそらしたときに見えるものだ——ジム・ラフィーバー

気が散るものはいろいろとあるが、自分の仕事に集中しなくてはいけない——レジー・ジャクソン

彼の名はナバホ語で〝もうすぐ着く〟という意味だ。ノタ・ビゲイがルーキーとして参戦したPGAツアーが終わるころには、ゴルフ界も彼が〝姿を現した〟と思った。ネイティブアメリカンの血を引いているビゲイは、一九九九年に二回、ツアー優勝を果たした。スタンフォード大学でタイガー・ウッズとともにゴルフをし、経済学で学位をとったこの青年は、ネイティブアメリカンのヒーローであり、インスピレーションの源だった。

だが、故郷のニューメキシコ州アルバカーキが「ノタ・ビゲイ・デー」を定めて彼の栄誉をたたえたその二カ月後、二七歳のビゲイは飲酒運転で逮捕されて有罪となり、不名誉にも新聞の見出しに名前があがることになった。ニューメキシコ州の裁判官に、以前にもアリゾナ州で飲酒運転の罪に問われたことがあると話したビゲイには、七日間の刑期が言いわたされ、罰金と社会奉仕活動も課された。

感心するのは、ビゲイが責任の所在をはっきりと認めたことだ。「きみたちの前にいるのは、これから刑務所にいく男だ」。ビゲイはジュニアクラスに通っていた子どもたちに向かって言った。「きみたちには、ぼくのような目にあってもらいたくない。でも、自分が悪いことをしたのだから、ぼくはその責任をとるよ」

少し前のことになるが、私はスポーツ専門チャンネルのESPNから電話をもらった。フェニックスのラジオ局が私にインタビューをしたがっているという。といっても、心理戦や選手のすばらしさについてではなく、スポーツ界で目にしたトラブルについて聞きたいらしい。新聞のスポーツ欄には、連日のように情けない話や悲惨な話が載っている。ドラッグ使用で出場停止、家庭内暴力、父親の認知訴訟、武器を使用した犯罪、飲酒運転、交通事故、不慮の死。私はいくつかのプロのスポーツチームでカウンセラーとして働いてきたが、道を踏みはずしたり間違いを冒してしまったりして、選手としてのキャリアや人生を台無しにしてしまったアスリートたちを目にしてきた。

リン・ラーソンは旧ボルチモア・コルツでプレーしていたときに、スーパーボウル・リングを獲得した。以前ラーソンと私は、スポーツにおけるリーダーシップについて一緒に講演をしたことがある。私たちが話したのは、ラーソンが〝致命的な雑念〟と呼んでいるものについてだ。目標設定について述べたセクションにもあるとおり、成功して夢を実現させたいならば、何歳であろうと、どんな競技だろうと、自分の時間とエネルギーをつぎこまなくてはならない。人として、アスリートとして、自分のポテンシャルをフルに発揮するひとつの鍵は、目標達成の妨げとなる雑念をふりはらうことだ。

伝説的なピッチャーで、ちょっとした哲学者でもあったサチェル・ペイジは、かつてこんなことを言った。「悪い習慣はやめること。たとえば公共の場でバカ騒ぎするとか。腰を落ち着けないと安定したプレーはできない」。サチェルは自身もこの言葉に従った。これはいまの時代にもあてはまる。

毎年サンクスギビングの日には、ディズニーワールドで行われるグリフィー・インターナショナルのキャンプに行き、数百人の子どもたちの前で話をしている。毎回、とあることをするのだが、とても大きな反応がある。オモチャのヘビを使うのだ。一見、本物に見える。シューッという音を出したり、腕に巻きつけたりすることもできる。子どもたちの前に立って、ポケットからヘビを取り出し、みんなに見えるように掲げる。すると、子どもたちは散り散りに逃げ出す。「誰かが学校にドラッグを持ってきたら、いまと同じように逃げるんだぞ」。彼らに言う。「ドラッグはこのヘビと同じくらい有毒だからね」

スポーツに取り組もう。ドラッグやニコチンやサプリメントには「ノー」と言おう。オリンピックに四回出場して金メダルを獲得したカール・ルイスは、ドラッグについては三つのことを覚えておかなくてはいけないと言っている。「まず、ドラッグをやったら、自分にどれくらいポテンシャルがあるのかわからなくなってしまうこと。次に、明らかに健康被害があること。最後に、ドラッグをやったら自分をあきらめることになるということだ」

私はジョー・ガラジオラを尊敬している。メジャーリーグの元キャッチャーでアナウンサーをしている彼は、無煙タバコ反対運動を主導している。ガラジオラの盟友ビル・タトルは、何年も煙の出ない噛みタバコを使っていて口腔がんになった。ブレット・バトラーもタバコを吸っていて、喉からがん性腫瘍を摘出することになった。ガラジオラはメジャーリーグの選手たちに語りかけて、タバコがもたらす健康被害について考えてもらうとともに、その習慣が子どもに与える影響についても考えてもらおうとしている。

さまざまなサプリメントは簡単に手に入る。フェニックス・サンズのトム・ググリオッタは、一九九九〜二〇〇〇年のシーズンに眠れなくて困っていたとき、高校時代の友人からもらったサプリメントを飲んだのだが、ポートランドでの試合が終わってバスに乗っていたときに発作を起こし、一時的に息ができなくなった。彼は救急搬送されて人工呼吸器につながれた。「よく知らないものを飲んでしまった」。ググリオッタは言った。「そんなことはしちゃいけなかった。そのせいで死ぬところだった」

目標を追いかけよう。周りの人に惑わされてはいけない。競泳の元オリンピックチャンピオン、ジャネット・エバンスはこう言っている。「友だちがパーティーに行っているのを見ると、ときどき羨ましくなる。私は寝なくちゃいけないから。でも、友だちが言うには、パーティーもそれほど楽しいものではないらしい。できないこともいろいろあったけれど、私はそれに見合うだけのものを得てきた。ほとんどの子はオリンピックに出て金メダルを獲ることなどできないのだから。まちがいなく、それだけの価値はある」

一〇代のころ、バスケットボールのスター選手ケビン・ジョンソンは、毎晩ジムに通って体を鍛えていた。ある晩、ジムの職員にこう言われた。「ケビン、今日は土曜の夜だよ。パーティーにでも行ったらどうだい、みんなみたいにさ」

ジョンソンは答えた。「パーティーに行っても、ぼくが目指しているところには行けないよ」

自分や家族、あるいはチームを困らせるようなことをしてはいけない。ジョー・ギブスはスーパーボウルへの出場を果たしたワシントン・レッドスキンズのコーチをしていたとき、選手たちにそう説教した。ギブスのアシスタントをしていたジョー・ブーゲルも、自身がアリゾナ・カージナルスのヘッドコーチに就任したとき、それを第一のルールに掲げた。

自分を高めてくれるような仲間とつきあおう。フェニックス・サンズの有望選手だったリチャード・ドゥーマスは、ドラッグの問題を抱えていた。彼はオフシーズンに故郷のタルサに帰って昔の仲間とつるんだときに、ドラッグにはまってしまった。目標に向かって真っすぐに進むためには、古い友情を手放すこともときには必要だ。

トラブルから抜け出す強さをもとう。アスリートは標的にされることも多い。ブランチ・リッキーはあの有名なジャッキー・ロビンソンに、トラブルを処理できる強さではなく、トラブルから立ち去る強さが必要だ、と言った。いまは身を守るために拳銃をもっているアスリートもいる。けれども私は、武器をもっていていいことは何もないと思っている。

アルコールは飲みすぎないこと。ゴルファーのジョン・デーリーは才能のあるアスリートでありながら、アルコールのせいでプライベートもプロ生活も台無しにしてしまった。だが、彼はほんの一例にすぎない。デーリーは飲酒のせいで何度も離婚を繰り返し、何百万ドルものCMの違約金を払わなくてはならなくなった。「いまならわかる」。かつてサイ・ヤング賞を受賞したドワイト・グッデンは言った。「おれが速球を投げられなくなったのは酒のせいだ」。アリゾナ・ダイヤモンドバックスで将来を期待されていたのに、彼の人生は飲酒と飲酒運転によって狂ってしまった。法廷年令に達していてお酒を飲む人は、クヌート・ロックニーが言っていたルールを守ること。「一杯目は飲んでいい。二杯目は舐めるだけにしろ。三杯目は断れ」

自分の人生と行動に責任をもとう。成功しているアスリートの多くは、世間のルールを自分に当てはめない。

何を得るかは何を見るかによって変わってくる。目標に集中して、致命的な雑念はふりはらおう。自分の夢を追いかけて、ドラッグには「ノー」と言おう。

14

失敗を恐れない

FATE LOVES THE FEARLESS

結局きみの哲学しだいだ。安全な道を行ってそこそこうまくやりたいのか、チャンスをつかんで大成功をおさめたいのか——ジミー・ジョンソン

要するに、失敗を恐れてはいけないということだ——ジェリー・コランジェロ

野球の格言に、一塁ベースを踏んだままでは盗塁できない、というのがある。それを耳にするたび、私はこんな場面を思い浮かべる。盗塁王のリッキー・ヘンダーソンが一塁ベースから離れてリードをとり、その幅をひそかに少しずつ広げていく。ピッチャーに抜け目なく視線をやり、盗塁のタイミングをはかっている。牽制されてアウトになるリスクを恐れていたら、はたしてヘンダーソンがメジャー史上最多の盗塁を決めることができただろうか。ベーブ・ルースはどうだろう。三振することを恐れていたら、七〇四本ものホームランを打てただろうか。三振は一三三〇回もしたけれど。

答えは明らかに「ノー」だ。それなのに、スポーツでも人生のあらゆる道においても、失敗を恐れる気持ちが、ほかの何にも増して、自分のポテンシャルを見えなくさせている。失敗を恐れるせいで、ライバルに勝てない人がたくさんいる。恐怖心がアスリートを勝利から遠ざけているのだ。

「失敗を恐れる気持ちが選手の妨げとなる」。ピッツバーグ・スティーラーズの元コーチ、チャック・ノルは言った。「その人のいいところが死んでしまう。失敗することをつねに恐れていると、体が硬くなって失敗する」

スポーツにおけるパラドックス（逆説）のひとつに、失敗を恐れていると失敗しやすくなる、というのがある。ノルが言ったように、悪い結果を思い浮かべていると、怖くなったり、行動が妨げられたり、体が硬くなったりする。失敗を恐れていると、筋肉が収縮し、息が浅くなる。体にストレスがかかりすぎているのだ。恐れがあると安全第一で行こうと思ってしまう。恐れがあると思いきったプレーができなくなる。

面白い実験がある。まず、失敗することをひどく恐れている人を選ぶ。その人に丸めた紙くずをいくつか渡して、三箇所の違う場所——ゴミ箱のすぐ上、四メートル離れたところ、一二メートル離れたところ——からゴミ箱に直接投げ入れてもらう。研究によると、失敗を恐れている人は、四メートル離れたところから投げるときに最も不安になることがわかった。ゴミ箱のすぐ上なら成功することはまちがいない。一二メートル離れたところからだと、成功するわけがないと考える。ところが、四メートル離れたところから投げるときは、入るかもしれないけれど、失敗してしまうこともあるだろうと考える。

ゴルフでも同じような場面がある。ゴルファーは、決めるのはきっと無理だろうと思うような一二メートルのパットを打つときのほうが、四メートルのパットを恐る恐る打つときよりもリラックスしている。それはなぜだろう。失敗するのを恐れているからだ。失敗することを怖がらなければ、成功する確率は高くなる。

では、この恐れはどこからくるのだろう。失敗を恐れる気持ちの裏には、完璧主義が潜んでいることがよくある。完璧主義は社会で植えつけられるものだ。小さいころから、学校ではテストで正解したところではなく間違えたところを指摘される。私は大学院に通っていたころ、自分は完璧主義者だとカウンセラーに話したことがある。「そうか」。カウンセラーは言った。「では聞くが、きみは何が完璧なんだい？」

宝石鑑定士が本物のエメラルドと偽物のエメラルドをどうやって見分けるか、ご存じだろうか。偽物は完璧なのだそうだ。本物のエメラルドには傷がある。人間にも、完璧な人などいない。

成功したい、卓越したいと望みつつも、自分の内側から自分を厳しく評価したり、批判したり、高い要求をつきつけたりする声が聞こえることはよくある。この内なる声に、人は心も感情も痛めつけられる。ピッチャーのショーン・エステスを見るとそれがよくわかる。彼は自分のことを忍耐力のない完璧主義者だと自覚していた。リック・ウルフはＭＬＢ（大リーグ）のクリーブランド・インディアンズと仕事をしていたとき、パーフェクト・ピッチ・シンドロームについての記事を書いている。そのなかで、マイナーリーグのトリプルＡチームで活躍していたピッチャーがメジャーに昇格したときのことが、例として挙げられている。彼は仲間を信頼せずに、打者を完璧に抑えなければいけないと考えた。そこで、丁寧にコーナーをつくピッチングをしたのだが、メジャーの試合は初めてだし、審判はきわどい球をなかなかストライクにとってくれなかった。きわどいところをつけばつくほど、カウントは悪くなっていく。カウントが悪くなればなるほど、打者が有利になる。初球がストライクの場合、メジャーの平均打率は二割を下回るが、初球がボールの場合、平均打率はぐっと高くなり三割を超える。

物事を先延ばしにしてしまうのも、完璧主義の表れだ。先延ばしにする人は、結局何もやらない。何もやらなければ失敗のしようもない。これは行動を妨げる、自滅的なサイクルだ。

恐れがあると、人はリスクをとりたがらなくなる。だが、リスクをとらないことが最大のリスクになることもある。スポーツビジネスの世界で最も成功しているジェリー・コランジェロが失敗することを恐れていたら、シカゴ近郊にある故郷のハングリー・ヒルを離れることはなかっただろうし、イリノイ大学でバスケットボールをすることもなかっただろうし、ＮＢＡの新しいチーム、フェニックス・サンズの経営をするために南東部の砂漠に引っ越すこともなかっただろう。

コランジェロがリスクをとるのを拒んでいたら、フェニックスのダウンタウンに多目的競技場（アメリカ・ウェスト・アリーナ）ができることもなかっただろうし、アリゾナを本拠地とするメジャーリーグの野球チームができることもなかっただろう。

テニスの名選手ビリー・ジーン・キングも、失敗について多くの言葉を残している。アスリートは失敗をフィードバックととらえるべきだ、と彼女は述べた。オールスター試合に出場したピッチャーのグレッグ・マダックスはこう述べている。「失敗は世界一優れた教師だ。（中略）実際の試合で起こったこと――いいことも悪いことも――から学ばなくてはいけない。ぼくはこれまでたくさんのホームランを打たれてきた。つまり、たくさんミスをしてきたわけで、ぼくはそのミスからいろいろと学んできた。（中略）バッターはちょっと変わったやり方で、この球はよくないぞ、と教えてくれるんだ」

失敗から学ばなければ、また失敗してしまう。失敗をフィードバックととらえれば、気持ちも変わってくるだろう。

マイケル・ジョーダンは、恐れは幻想だと言った。ジョーダンやそのほかの優れたアスリートは、恐れを怒りに変える方法を身につけている。恐れから逃げることもできるが、それを怒りに変えて立ち向かうこともできるのだ。プライドを傷つけられることを、ジョーダンは恐れなかった。そのエネルギーを使って、もっとアグレッシブになった。優れたアスリートは失敗を恐れる気持ちを受け入れ、それをよい方向に変える。

恐れは成長や学びにはつきものだと考えよう。成功する人は失敗することを恐れない。失敗からは勝利よりも多くのことが学べる。

うまく失敗する方法を学ぼう。失敗することを嫌ってもいいが、けっして恐れてはいけない。失敗はフィードバックだととらえよう。

15

自分に勝つ許可を与える

PERMISSION TO WIN

セルフイメージを上回ることはできない――デニス・コナー

人生とは自己成就的予言を集積したもの――ジョン・ネーバー

トーナメントが始まる前は、彼が優勝争いに食いこむと思っていた人はほとんどいなかった。ましてや勝つことなんてありえない、と。ジャン・ヴァン・デ・ヴェルデは圧倒的に弱いと思われていた。ところが、ゴルフ界やスコットランドのブックメーカー（賭け屋）も驚いたことに、カーヌスティで行われた一九九九年全英オープンの最終日の日曜日、最終ホールのティーグラウンドに立っていたヴァン・デ・ヴェルデは、二位に三打差をつけてトップを走っていた。

残すところあと一ホール。一八番ホールを六打で上がればいい。ダブルボギーでも、ゴルフ界で最も歴史ある賞が彼のものになる。そのとき、この魅力的なフランス人の内側で、賢くやるべきだ、という理性の声がかすかに聞こえてきた——無難なプレーをしろ、と。五番アイアンでティーショットを打ち、二打目も五番アイアンでいき、そのあとウェッジでグリーンに乗せればいい。二パットで決めれば、九二年ぶりにゴルフのメジャー大会を制したフランス人として、妻にキスをしてクラレットジャグ（優勝トロフィー）を掲げることができる。

だが、ヴァン・デ・ヴェルデは無難なプレーを選ばなかった。暗くなってきた空から小雨が落ちてくるなか、彼はドライバーでティーショットを打った。ボールは大きく右へそれた。二打目はウェッジでフェアウェイに戻すのではなく、二番アイアンでフルスイング。ボールは観客席に当たって跳ね返り、ラフへと消えた。次のショットはライが悪いところから打つことになり、グリーン手前の曲がりくねったクリークに入れてしまった。ひとりのゴルファーによって、全英オープンが『レ・ミゼラブル』のように人を惹きつけてやまない悲劇に変わってしまったのを見て、世界じゅうの人が固唾をのんだ。

ヴァン・デ・ヴェルデはダブルボギーすらとれなかった。七打でそのホールを終えた彼は、結局プレーオフで負けた。悪夢のあと、この出来事を目撃していた人たちはみな一様に首をひねった。どうして安全なプレーをしなかったのか。なぜ二番アイアンで打ったのか。準優勝したこの男は少し肩をすくめてこう言った。「次はウェッジで打つよ」。ヴァン・デ・ヴェルデは気丈にも笑顔を浮かべて言った。「臆病者と言われようと、ウェッジで打つよ」

なぜ彼はそうしなかったのだろう。自分らしくないと思ったからだ。気弱なショットをすれば優勝できたかもしれないが、彼はそのホールを大胆に、リスクを恐れずにプレーした。「夫はああいうプレーをするしかなかったの」。彼の妻ブリジットは語った。「一週間ずっと、ああやってプレーしてきたから」。ヴァン・デ・ヴェルデは自己イメージに忠実でいたのだ。

このゴルファーの転落劇について、スコットランドのあるブックメーカー（賭け屋）が予言者のような言葉を残していた。「どれほどリードがあろうと関係ない」。ブックメーカーはヴァン・デ・ヴェルデが最終ラウンドに入る前にそう語り、自分の頭を指でトントンと叩いた。その仕草は、たとえリードしていてもプレッシャーのもとでは持ちこたえられないだろう、と言っているようだった。それまでヨーロッパ・ツアーで一勝しかしていなかったヴァン・デ・ヴェルデは、このときコンフォートゾーン（居心地がいいと感じられる心理領域）の外にいる状態だった。

心理学の原理に、認知的不協和というものがある。これは、自分が思う自分と、実際に起こっていることとが矛盾しているときに起こる、居心地の悪い心理状態のこと、と定義できる。この矛盾を感じたアスリートの多くは、コンフォートゾーンに戻ってしまう。

「誰にでもコンフォートゾーンがあり、私たちはそこにいたいと考える」。国際ヨットレース、アメリカズカップでスキッパーを務めたデニス・コナーは言う。「ある強いゴルファーがジャック・ニクラウスと対戦したとしよう。彼はおそらく、自分はいいゴルファーだけれども、ニクラウスを倒せるほどではない、というセルフイメージをもっていることだろう。もしニクラウスを倒してしまったら、新しいセルフイメージが求められることになり、居心地が悪くなる。そこで、彼はコンフォートゾーンになんとかして戻ろうとする。たとえそれが、一八番ホールのグリーンで六〇センチのパットをはずすことであったとしても」

アニカ・ソレンスタムがその好例だ。LPGAツアーで優勝した彼女はインタビューで、プロになった当初は人前で話すことが怖かったし、注目を浴びるのも落ち着かないので、トーナメントでは二位になるように、終盤のホールではわざとパットをミスしていた、と語っている。彼女は成功するのが怖かったのだ。失敗したくないという気持ちが高じると、成功するのも怖くなる。

私の趣味はゴルフだ。アリゾナに引っ越してきてから始めた。ある日、よく行くコースの一一番ホールか一二番ホールあたりを回っていたとき、一緒にプレーしていたパートナーがこう言った。「ゲーリー、イーブンパーもねらえそうだぞ」。私のハンディキャップは一〇だ。私のセルフイメージでは、自分はパーで回れるようなゴルファーではない。「イーブンパーもねらえそうだぞ」という声を聞いたとたん、私はプレッシャーを感じ、ティーショットをOBにしてしまった。結局そのホールはトリプルボギー。その後は私もまたリラックスしてプレーできた。コンフォートゾーンに戻ったからだ。

コンフォートゾーンにとどまりたがるアスリートは多い。マイナーリーグのトリプルAチームで、そんな選手をよく目にする。昨年のオフシーズンに、私は剛腕ピッチャーのひとりと仕事をした。トリプルAチームでは圧倒的な実力だった。だが、メジャーリーグに昇格するたびにボロボロになる。メジャーリーグの選手からアウトをとる自分を思い描けていなかったからだ。

以前アリゾナ・カージナルスが、すばらしい能力をもったランニングバックをドラフトで獲得したことがあった。NFLのほかのランニングバックと同じくらい体が大きくて強い選手だ。だが、彼は先発メンバーになる自分を思い浮かべられなかった。セルフイメージが邪魔をしたせいで、彼はプロのフットボール選手を長く続けられなかった。

ビジョンを描けなくなったら、そこが限界の始まりだ。自分には限界がないのだと思わなくてはいけない。長いあいだ、一マイルを四分で走ることは物理的に不可能だと考えられていた。ところが、一九五四年にロジャー・バニスターが一マイルを三分五九秒四で走ると、そこからの二年で五〇人のランナーが四分の壁を破った。なぜそれができたのだろう。イメージできたからだ。彼らはバニスターを成功のモデルとして見ていた。

デニス・エカーズリーは、自分は先発ピッチャーだと思っていた。でも、セルフイメージをつくり変えて自分はクローザーだと思うようにしたら、一流のリリーフピッチャーになれた。最近になって引退したカブス出身のアナウンサー、スティーブ・ストーンはメジャーリーグの元ピッチャーだが、その彼が潜在意識をプログラミングし直すことについてこう語っている。「黒板をきれいに消してもう一度初めから書くようなものだ。サイ・ヤング賞を受賞する前の春、ぼくはゆったりと腰かけて、自分は勝率五割を上回ることができるピッチャーだと、自分自身に信じさせなくてはいけなかった」

人間は自分で自分の成長を妨げる唯一の生き物だ。親が子どもにしてあげられることで最も大切なのは、ポジティブなセルフイメージをもたせてあげることだ。身長一七〇センチのスパッド・ウェブは、いつもみんなから、どうしてNBAでプレーできるなんて思えるのか、と言われていた。どうしてジム・アボットは一本の腕だけで野球ができるなんて――しかもメジャーリーグのピッチャーになれるなんて――考えたのだろう。どうやってボールをさばこうと思っていたのだろう。オリンピックの金メダリスト、ウィルマ・ルドルフは、成功するためにはたくさんの恐れとセルフイメージを乗り越えなくてはならなかった、と語った。彼女の初めての挑戦は、下肢装具をつけないで歩けるようになることだった。

私の仕事のほとんどはアスリートのコンフォートゾーンを広げることであって、小さくすることではない。コンフォートゾーンを広げられるように手助けし、リスクをとるように励ましている。自分が成功するところを思い描けない人や、自分に価値があると思えない人は、自分で自分を妨害してしまうことになる。

進んでリスクをとろう。忘れてはいけない。人生に安全保障などない。あるのは冒険だけだ。

■ビジョンを描けなくなったら、そこが限界の始まりだ。成功をするところを思い浮かべて、自分は勝ってもいいのだと思おう。

16

情熱を失わない

THE FIRE INSIDE

私たちはそれぞれ何かへの情熱を胸に秘めている。それをみつけて火を灯しつづけることこそ、人生の目的だ——メアリー・ルー・レットン

ぼくが人生に求めることは、通りを歩いているときに、周りからこう言われることだ。「ほらごらん、彼が史上最強のバッターだよ」——テッド・ウィリアムズ

子どものころ、夜空を見つめていたときのことを彼は覚えている。ずいぶん昔の話だ。流れ星を見るたびに願いごとをした。「どうか、自分が夢見ているようなバッターになれますように」。たいていい、子ども時代の夢は大きくなるにつれて消えていくものだが、野球に対する彼の熱情が冷めることはなかった。いいバッターになることに焦点を合わせ、情熱を傾け、それを唯一の目標にした。「その日その日の目標、そして生涯の目標をもたなくてはいけない」。彼は考えこんだあとに言った。「ぼくの目標は、『ほらごらん、彼がテッド・ウィリアムズだよ。史上最強のバッターさ』と言われることだった」

一九九九年七月一三日、毎年夏に行われるメジャーリーグ伝統の一戦が、ボストンのフェンウェイ・パークで行われていた。華々しく、夢のような一夜だ。試合前のフェスティバルでは、ナショナルリーグとアメリカンリーグのオールスター・チームが、満員のスタンドに向けて紹介された。この日は野球のレジェンドたちの表彰式もあり、オールセンチュリー・チーム【ファン投票によって選ばれた二〇世紀を代表する選手】のメンバーを、アナウンサーがひとりずつ紹介していった。

レジェンドたちの紹介も終わりに近づいてきたころ、一台のゴルフカートが古い球場に現れた。テレビで観ていた何百万もの人とともに、私もそのゴルフカートがゆっくりとフィールドをパレードする様子を見ていた。カートに乗っていた英雄はほほえみながら手を振り、温かい声援に応えた。

星が瞬くようにカメラのフラッシュがたかれ、アナウンサーがその英雄を迎え入れて表彰した。敬意をこめた声で言う。「テッド・ウィリアムズ！　史上最強のバッターです！」

〝モチベーション〟はよく使われる言葉だ。とくにスポーツの世界でよく耳にする。これは〝動く〟という意味のラテン語を語源とする言葉だ。アスリートの動きには二種類あり、喜び（報酬）

を求めて動くか、痛み（罰）を避けようと動くかのどちらかだ。モチベーションは成功への欲望であることもあれば、失敗への恐怖心であることもある。けれども、最も健康的で最良のモチベーションは、テッド・ウィリアムズを突き動かしたものだと思う。彼は目標を達成して夢をかなえた。彼以降、シーズン打率四割を記録した選手はいない。

アスリートの成功には四つの要因があると言われている――身体能力、身体のトレーニング、メンタルトレーニング、そして欲望あるいは意欲。成功したいという欲望が、失敗に対する恐怖心よりも強くなくてはいけない。

「失敗に対する恐怖心がモチベーションになっている、と多くのアスリートが言うのを聞いたことがあるだろう」。ピッチャーのデビッド・コーンが言った。「でも、ぼくはまったくそうは思わない。ぼくにとってはチャンスこそがモチベーションだ。ぼくたちはチャンスを手にするために生きて、野球をしている。いま、この場所で、シーズン終盤の大一番でヤンキースのためにピッチングをすること以外に、ぼくが求めるものはない」

モチベーションについて説明するときに私が気に入ってよく紹介しているのは、モハメド・アリの話だ。ルイビルにいた子どものころ、彼は食料品の袋詰めをする仕事をしていた。それほど実入りがいい仕事ではなかったが、お金を貯めて中古の自転車を買った。青いその自転車を、彼はとても気に入っていた。自慢の自転車だった。一生懸命に働いて、やっと手に入れたのだ。ところがある日、その自転車が盗まれてしまう。アリはひどく悲しんだ。

「その夏は自転車を探してルイビルじゅうを歩き回った」。アリは言った。「歩いては探し、探しては歩いた。いまだにみつかっていない。だから、リングに上がるたび、正面にいる対戦相手を見てこう思うことにしてるんだ。『こいつがおれの自転車を盗んだ犯人だ！』」

アスリートのモチベーションは人によってちがう。ロジャー・クレメンスは、自分の実力を疑う他人の声を糧にしていた。レッドソックスが自分を手放したことは間違いだったと証明してやろうという気持ちで、一九九七年のシーズンに臨んだという。

成功するアスリートのほとんどは、自分で自分のモチベーションを高めている。「最も大切なのは自分のやっているスポーツを好きになることだ」。フィギュアスケートのオリンピック金メダリスト、ペギー・フレミングは言う。「けっして誰かを喜ばせるためにやらないこと——自分を喜ばせるためでなくてはいけない。自分を喜ばせるためなら、成功するのに必要な厳しいトレーニングをすることもできる」

一〇代の優秀なアスリートを集めたワークショップで、ひとりの青年に「これまでで最も楽しかったスポーツ体験はなんですか」と訊いたことがある。彼は一〇歳か一一歳のころの思い出を語ってくれた。そのときはバスケットをするのがとても楽しかったという。青年の話を聞いていた彼の父親の目に涙が浮かんだ。その青年は高校のバスケチームを辞めたかったのだが、父親のために続けていた。バスケは彼の父親の夢であって、彼の夢ではなかった。

喜びに結びつくものを人間は求める。痛みに結びつくものを人間は避ける。子どものころにやるスポーツは、楽しく、ポジティブな、やりがいのある体験でなくてはいけない。それなのに、感受性の豊かな子どもたちがコーチに恥ずかしい思いをさせられたり、親を喜ばせなくてはいけないと思ったりすることが多すぎる。これではスポーツに参加することを苦しいと感じ、罰を受けているような気にすらなるだろう。ひとりのコーチとして思うのは、子どもたちには楽しんでもらいたいということだ。熱意をもって、はつらつとプレーしてほしい。自分は日々上達していると感じてもらいたいし、結果よりもプロセスを大事にしてほしい。

モチベーションは、あなたをある方向に突き動かしてくれる。目標があれば、そういう感情が湧いてくる。クレメンスはレッドソックスから移籍したあと、ある目標をもった。アーノルド・シュワルツェネッガーにも目標があった。ビジョンをもっていたからこそ、彼のいう〝望む力〟が生まれたのだ。シュワルツェネッガーはこう言っている。「ミスターユニバースになりたいという夢がかなったのは、ステージに上がって優勝する自分を、はっきりと思い描いていたからだ」

カール・ルイスにも野心的な目標と大きなビジョンがあった。「人間の体と頭ができることには限界がないと信じていた人だった、と自分のことを思い出してもらいたい。それから、人をいままでとはちがう行動に駆り立てるようなインスピレーションを与えられる人になりたい」

春のトレーニング中、アレックス・ロドリゲスはシアトル・マリナーズのTシャツをデザインした。Tシャツにはこんなメッセージがプリントされていた。「目標に向かって邁進中」

あなたはどうだろう。あなたの内側で情熱の火は燃えているだろうか。目標はあるだろうか。それはなんだろう。あなたのモチベーションは？　もしそれが失敗に対する恐怖心ならば、その感情は手放そう。最もいいモチベーションは〝望む〟力、達成したいという誇り高き欲望だ。

■ 自分が何に情熱をもっているかを知り、それを実現させよう。目標をもち、意図をもって生きよう。失敗に対する恐怖心ではなく、成し遂げたいという欲望によって自分を動機づけよう。

17

四つのD
THE FOUR D's

モチベーションがあれば人は一歩踏み出せる。自律すれば進みつづけられる——ジム・ライアン
長く続けられる鍛錬は、自ら行う鍛錬だけだ——バム・フィリップス

数年前、フェニックス地域で、高校生アスリートを対象にある調査が行われた。その結果は、広がりつつある噂や疑念を裏づけるものだった。調査に応じてくれた三つの高校に通う生徒の二〇パーセント以上が、チームメイトやほかの競技の選手がステロイドを使っているのを知っている、と答えたのだ。

パラダイス・バレー地区はすぐに行動を起こした。学校には生徒をドラッグから守る義務があると考え、無作為に選んだ学区内の高校生アスリートに対して、ドラッグの検査を行った。このことは全国のニュースにもなり、激しい議論を巻き起こした。

責任者のもとには、ドラッグの検査なんてしたら、うちの地区の選手が不利になってしまう、という声も寄せられた。「ほかの学校ではステロイドを使っているのだから、うちの選手も使わなければ勝てるわけがない、と彼らは考えている」。その学区の責任者、トビー・スペサードは言った。「その論理はおかしいとしか言えない。私たちの学区の選手が健康な心と体をもち、正々堂々と競おうと思っているなら、それこそが私たちにとって大きな強みだ」

そのころ、NFLカージナルスのチームカウンセラーをしていた私は、その学区の責任者から、委員会のメンバーに加わってほしいと頼まれた。コーチや選手がドラッグのことを学ぶプログラムの作成に携わったり、ドラッグ（とくにステロイド）を使わないでパフォーマンスを向上させる方法を考えたりしてくれないか、というのだ。

アメリカオリンピック委員会のスポーツ医学の医師が調査を行い、若いアスリートにこんな質問をした。「オリンピックで金メダルがとれるようなドラッグがあるとします。でも、それを使うと寿命が五年縮まります。あなたはそのドラッグを飲みますか？」。半数以上のアスリートが「飲む」と答えたそうだ。

心理面をうまく使えば、パフォーマンスを向上させるドラッグと同じくらいの効果がある。いくつかの医学研究では、プラセボ（偽薬）あるいは砂糖でできた錠剤を飲んだあと、体調がよくなったと答える患者が多いことがわかっている。なぜそんなことが起こるのだろう。心の力だ。

私はドラッグを使わないアスリートのためのメンタルスキル・トレーニング・プログラム〈ザ・ナチュラルズ〉を考案した。数百人の高校生アスリートとその親に向けてプログラムの概要を説明するミーティングの席に、私はカージナルスの選手をふたり連れていった。ガース・ジャックスとロン・ウルフリーだ。

恐怖心がまったくないのは、精神科に通っている人か、スペシャルチーム【アメフトでキックプレーのときに出場するチーム】の選手だけだ、と言った人がいた。ウルフリーはカージナルスのスペシャルチームでプレーしている。彼はオールプロに選ばれたこともある、カミカゼのように速く走る選手で、パントやキックオフのときにフィールドに登場する。自分の健康と安全をリスクにさらしながら、向かってくる相手に全速力で体当たりする。恐れ知らずのタフなプレーヤーで、ロッカールームで最も話題にのぼるプレーヤーだ。

聴衆にウルフリーを紹介すると、彼は試合のときと同じエネルギーと情熱をこめて話をしてくれた。彼がしてくれたのは、知り合いの元NFL選手の話だ。その選手はステロイドを使用していて、ひどく体調が悪くなってしまったという。「ぼくはステロイドを見てきた。言っとくが、ぼくはいっさい使わない」。それからウルフリーはこう言明した。「ぼくが使う薬《ドラッグ》は、四つのDだ」。彼はそう言うと、ひとつずつそれを挙げていった。静まりかえったホールに、彼の大きな声がむちのように鋭く響き渡る。「欲望（Desire）、没頭（Dedication）、決意（Determination）、自律（Discipline）。これが、ぼくの使うドラッグだ！　街角で買う必要はないし、お金もいっさいかからない」。彼は自分の胸、つまり心を指さして言った。「ここに全部入ってる」

欲望（**Desire**）――前のセクションで欲望については長々と説明した。目標を達成するには、〝望む〟力が意志の力と同じくらい大切だ。あなたの願いはなんだろう。何を望んでいるのだろう。テッド・ウィリアムズは自分のたったひとつの望みを、子どものときにみつけた。あなたの夢はなんだろう。どれくらいそれを望んでいるだろうか。

没頭（**Dedication**）――没頭するとは、願望を行動に変えることだ。強い気持ちをもって持続的に取り組まなくてはいけない。フットボールコーチのルー・ホルツはこう言っている。「何であれ、いまやっていることに全身全霊を傾けられないような人は、船に穴が開いたとたんに逃げ道を探すことだろう」。我々の世代で圧倒的な実力を誇ったピッチャーのランディ・ジョンソンは、彼の人生で最悪の出来事――一九九二年のクリスマスの日に父親が亡くなったこと――が、彼のキャリアの転換点になったと述べた。「その年、ぼくの心はとても強くなった」。ジョンソンは言った。「成長したし、精神力も強くなったし、最高の選手になろうと没頭した」

決意（**Determination**）――誰もが成功したいと思うものだが、本当に成功する人は揺るぎない決意をいだいている。彼らは自分で自分のモチベーションを高めている。ジャック・ニクラウスがその好例で、彼はモチベーションによって奮起もしたし、支えられてもいた。プロになりたてのころ、暗くなるまで何時間も、練習場でボールを打っていたという。「もう帰りましょう、ジャック」。結婚したての妻バーバラはイライラしながら呼びかけた。「もうお腹がすいちゃったわ」。彼はまめだらけの手で、次から次へと夕暮れの空に向かってボールを打っていく。「ぼくもお腹がすいてるよ」。ニクラウスは答えた。

自律（Discipline）――これは、自分がやらなければならないことを、やらなければいけないときに、やりたいかどうかにかかわらずやる、ということだ。自律とは――自分で律しないものは長続きしない――行動することだ。自律心がある人は、行動を先延ばしにしないし、言い訳もしない。「目標を定めればそれで終わりというわけでない」。ダラス・カウボーイズの元コーチで、プロフットボール殿堂入りを果たしたトム・ランドリーは言う。「大切なのはその目標をどうやって達成するか決めて、その計画どおりにやっていくこと。鍵となるのは自律心だ」

夢をもち、進んでいく方向が定まったら、あとは欲望、没頭、決意、自律があなたを動かしつづける。自分自身に問いかけてみよう。自分の言動は一致しているだろうか、と。

第三部　成功するための心構え

18

自分の姿勢を見直す

ATTITUDE IS EVERYTHING

物事に対する姿勢の悪さは、生きていくうえで障害になると私は固く信じている――スコット・ハミルトン

姿勢の悪さは、スイングの悪さよりも問題だ――ペイン・スチュワート

物事に対する姿勢は眼鏡のようなものだ。このレンズをとおして、私たちは世界を見る。ポジティブ思考の人は、自分の周りにあるものをバラ色のレンズ、あるいは透明なレンズをとおして見ている。いっぽう、ネガティブな人は、暗くて陰気な色のレンズをとおして周りを斜めに見ている。どちらのタイプの人も見ている出来事や状況は同じなのに、違う明るさで見ているのだ。

姿勢は私たちの行動や感情に影響を与える。パフォーマンスにも影響が出る。元メジャーリーガーのデーブ・ウィンフィールドはこう言っている。「試合に出ているのは同じようなスキルをもった選手ばかりだ。違うのは才能ではなく姿勢だ」。才能よりも姿勢の違いによって成績が変わってくる――どこまで上に上がれるか、成功のはしごをどこまで登れるかが変わってくる。

楽観的な人はポジティブな期待をいだいていて、それが目標を達成する支えになっている。〝自分にはできる〟と考える。行動を起こし、それが力になる。悲観的な人は消極的な態度をとる。つねに何かを非難していて、自分ができないことばかりに注目してしまう。その結果、悲観的な人は自己成就的予言の犠牲者になってしまうことが多い。

楽観的になりたがらない人がいるのはなぜだろう。メイヨー・クリニックが行った研究によれば、楽観的な人は、概して、悲観的な人よりも長生きすることがわかっている。ペンシルベニア大学が、心臓発作を一度起こしたことのある一二〇人の男性を追跡調査した。八年にわたる調査の結果、悲観的な人の八〇パーセントが二度目の心臓発作を起こして亡くなったのに対し、楽観的な人の場合はその割合が三三パーセントだったことがわかった。ほかの研究でも、楽観的な人は仕事でも学校でもスポーツでも成功できることがわかっている。

心理学者のマーティン・セリグマンは著書『オプティミストはなぜ成功するか』（パンローリング、二〇一三年）のなかで、ニューヨーク・メッツとセントルイス・カージナルスについて考察している。彼は監督や選手たちにインタビューをしたあと、翌シーズンにはメッツが躍進し、カージナルスは陥落するだろうと予測した。能力が同じなら、ポジティブで楽観的な考え方をする選手のほうが、ネガティブで悲観的な考え方をする選手に勝る。

一九九五年のオールスターゲームが終わったあと、私は例年どおり、シーズン半ばにシアトルに赴き、マリナーズを訪問した。オールスターゲームに出場していたティノ・マルティネスは、そのころ打撃不振に苦しんでいた。キングドームに行くと、打撃練習をしている彼をみつけた。リラックスして楽しそうだった。スイングの合間にはケン・グリフィー・ジュニアや、マリナーズのほかの強打者たちと冗談を言いあっている。その近くに、最近トリプルAチームから昇格してきた選手がいたのだが――メジャーの初打席でホームランを打った選手だ――彼はまったく楽しそうではなかった。次の球がくるまでの間にブツブツと独り言を言い、一球打つごとに打球のゆくえを罵っている。彼の身ぶりからは、打撃に苦労していることと力んでいることが見てとれた。ピンと張った針金のように硬くなっていた。

そのあと、私は監督のルー・ピネラのオフィスへ行って所見を伝えた。マルティネスとそのほかの選手はじつに対照的だった。

ピネラが言った。「マック、マルティネスは私の若いころによく似ている。不振に陥ると、早く次の試合に出たがる。そのうち運が向いてくると知っているからだ。ところが、最近の若い選手のなかには、自分の能力に疑問をもちはじめる選手が多い。大事なのは心のもちようだよ」

以前、ゴルフコースの練習場でパットの練習をしていたときのことだ。野球殿堂入りをはたしたロビン・ヨーントに会った。彼は早くティーショットを打ちたくてたまらない、と話していた。

コースに出たくてウズウズしているようだった。

「お上手なんでしょうね」。私は言った。もちろんさ、という答えが返ってくるだろうと期待して。「いや、なかなか苦労しているよ」。ヨーントは私に向かってほほえむとこう言った。「でも、もうすぐブレイクスルーできると思っているんだ」。数時間後に駐車場で彼を見かけたときには、とてもいいラウンドだったと楽しげに語っていた。

ポジティブな姿勢でいれば、いつでもうまくいくというわけではないが、ネガティブな姿勢でいると、いつもうまくいかないものだ。これから何が起こるかは誰にもわからないのだから、今日はいい日になるだろうと考えて行動してみてはどうだろう。ポジティブ思考がいいと認めたくない人も、せめてネガティブに考えることはやめてみよう。

アリゾナ・カージナルスがツアー中の大事な一戦に勝利したときのことだ。本拠地に戻る長時間のフライトの中で、選手たちは勝利を祝って笑いあったり冗談を言いあったりしていた。冗談の多くは、狭い通路を行ったり来たりしながらドリンクの注文をとったり、食事を配ったりしている客室乗務員に向けられていた。夜空を飛ぶ機体が軽く揺れるなか、私は忙しく立ち働く、あるひとりの乗務員に同情を覚えて苦笑したことを覚えている。彼女の忍耐と明るさも限界にきているようだった。

私の席の横を通ったとき、彼女は目をぐるりと回しながら呪文のようにポジティブな言葉を自分に言い聞かせていたのだ。「私はこの仕事が好き……私はこの仕事が好き……私はこの仕事が好き……」

物事に対する姿勢は後天的なものだ。幼いころから培われる。ありがたいのは、いまの姿勢はいつでも捨てることができるし、変えることができるということだ。ネガティブな出来事をポジティブに見るように、自分で自分を訓練することができる。私は以前、タイプブレークが嫌いだというUCLAのテニス選手のトレーニングを担当したことがある。「私はタイプブレークになると必ず負ける」。彼女はそんなネガティブな言葉を自分に向かって確信的に言っていたために、それを信じるようになってしまっていた。でも、長い期間をかけて、そんな考え方を変えることができた。彼女は悲観的な言葉をポジティブなものに変えた。「私はタイプブレークが好き。タイプブレークで、私は最高のプレーができる」

以前のセクションで、私たちは自分のセルフイメージを越えることはできない、という話をした。ポジティブな考え方を身につけていないと、最高のプレーができるような心理状態をつくりだすことはできない。

悲観主義を楽観主義に変えたければ、次の三点に気をつけよう。

いつまでも引きずらない――楽観的な人は負けたり挫折したりしたときでも、気持ちが落ちこむのは一時的なもので永遠に続くわけではない、と信じている。

すべてがそうだと考えない――悲観的な人は疑念やトラブルが生活のあらゆる場面に影響すると考えるが、楽観的な人は問題が起こってもそれを〝箱〟の中に閉じこめて、気持ちを乱すようなことはない。

自分を責めない――楽観的な人は、勝てば自分のプレーがよかったからだと考え、負ければ相手のプレーがよかったのだと考える。「今日のプレーはよかった。勝って当然だ」「今晩は彼らのほうがついていた。明日はぼくたちが勝つぞ」。悲観的な人はこれとは逆だ。「今晩勝てたのは運がよかったからだ。負けたのはぼくのせいだ。ぼくは価値のない負け犬だ」

人生の一〇パーセントは偶発的な出来事によってきまるが、九〇パーセントはそれにどう反応するかできまる、と言われる。そこで、あなたに問いたい。あなたは物事に対してどんな姿勢をとっているだろうか。楽観主義だろうか。相手と競うこと、勝つこと、負けること、ついていないときのことを、どんなふうに考えるだろうか。どんなふうにプレッシャーと向きあっているだろうか。

姿勢しだいで、どこまで高みにいけるかが決まる。自分ならできると思うのも、自分にはできないと思うのも、どちらもきっと正しい。その選択をするのはあなた自身だ。

19

控えにまわっても腐らない

RIDING THE PINES

どう考えるかは自分しだい。毎日、ポジティブに考えよう。自分自身を信じること――パット・サミット

自分のできないことが、できることの妨げになってはいけない――ジョン・ウッデン

昨シーズン、クリス・チャンドラーは一三試合にスターティングメンバーとして出場し、地元のスポーツ記者からもチームで最も貴重な選手に選ばれていたので、当然、自分がアリゾナ・カージナルスのクオーターバックとしてスターティングメンバーに選ばれるものと思っていた。だが、一九九三年のシーズンが始まったとき、彼がいたのはベンチだった。コーチのジョー・ブーゲルはチャンドラーではなく、スティーブ・バーラインをメンバーに選んだのだ。フリーエージェントを宣言したバーラインは、チームと七五〇万ドルで三年契約を結んでいた。

コーチの決定は、とくに驚くものではなかった。じっさい、カフェテリアで出てくる食事くらい予測可能だった。自分のクビがかかっているのだ。なんとしても勝たなくてはいけない。それに、プロスポーツではお金がものをいう。大金をつぎこんだ彼を使わないわけにはいかなかった。

昨シーズンに足首を痛めてしまったため、チャンドラー自身もこの決定にショックを受けることはなかった。それでも、降格されたことは彼を苦しめた。「ちょっとうろたえたよ」。開幕の一週間前にチームがこの決定を発表したとき、彼はメディアにそう話した。「ぼくは控えにまわるような選手じゃない」。新しく控えにまわった選手は歯ぎしりしながらそう言った。

シーズン序盤のある日、練習を終えてフィールドをあとにしたチャンドラーが私のところへやってきた。「こういうときはどうすればいいんだ?」。彼が言った。

スポーツ心理学のコンサルタントとして、私はコーチの決定や自身のケガのせいで控えにまわった選手のカウンセリングに、多くの時間を費やしている。でもこのとき、私はなんと答えたらいいのかすぐに思いつかなかった。何を言うべきかわからなかった。

私はチャンドラーが好きだ。彼はドラフトでインディアナポリス・コルツに入団したが、その後チームはジェフ・ジョージを獲得するために彼をトレードした。タンパベイ・バッカニアーズにいたときは、シーズン途中で解雇された。やっとカージナルスでスタメンの地位を得たところなので、彼が気の毒でならなかった。

私はある雑誌で読んだ、自分は雇われている身ではないと考えるといい、という記事のことを思い出した。そこで、チャンドラーに、いまは控え選手で注目を浴びることもなくなったけれど、きみはいまでもNFLという取引所に上場されている銘柄のひとつなのだ、と話した。クリス・チャンドラー株式会社というわけだ。

チャンドラーは株式の値を上げるために毎日努力しなくてはならない。腐っていても、何もいいことはない。練習でも最高のプレーをしなければ、彼の価値は下がってしまうだろう。スタメンまであと一歩だ、と私は彼を励ました。懸命に取り組み、準備を怠ってはならない。もしトレードされるとしたら、カージナルスのコーチやスカウトから何と言われたいだろうか。心構えのいい選手です。努力家です。指導しがいのある選手です。チームプレーを大切にする選手です……。

そのシーズンに、チャンドラーの出番はあまりなかった。次の年、彼はロサンゼルスのチームに移り、その次はヒューストンのチームに移籍した。その後、アトランタに腰を落ち着けることになり、ファルコンズをスーパーボウルへと導いた。つねに楽観的で、努力しつづけることをいとわない人のところに、いいことはやってくる。

私はチャンドラーに言ったことを、マイナーリーグの選手にも言っている。トリプルAチームでは、半分ほどの選手が、自分はメジャーリーグにいるべき選手だと考えている。もう半分の選手は、自分はそのレベルにはないと考えている。そこで、彼らには、自分という銘柄の価値を高めよう、と勧めている。ひとつプレーをするたびに、彼らは自分の職歴を書いているのだ。

ベンチに座っている——控え選手でいる——のは生易しいことではない。ケガをしている選手なら、なおさらそうだろう。ケガはスポーツにつきものではあるけれど。何もできないと思うかもしれないが、体を動かせないその時間を賢く使おう。

マリナーズの元ピッチャー、エリック・ハンソンは、故障者リストに挙がっていた二カ月あまりの期間は、スポーツをするなかで最も価値のある経験になった、と述べている。「ただ座って肩の調子がよくなるのを待っていたわけじゃない。スポーツ心理学者と面談もした。当時のぼくは力ずくで投げるだけで、ピッチングに少し波があった。いい試合もあれば悪い試合もあったし、バッターのこともあまりよく知らなかった。ピッチングのこともあまりよくわかっていなかったし、いまでも知らないことがある。一年一年が、学びのプロセスだ。ボールを投げなかった一晩で、これまでのピッチング人生で学んだことの一〇倍ものことを学んだ――観察して、イメージして、メンタルリハーサルをすることで学んだ」

「ノーラン・ライアンとも一時間ほど話をしたし、ロジャー・クレメンスやマーク・ラングストンとも話をした。ラングストンはいろいろなことを教えてくれて、とても刺激になった。成功してきた三人は、三人ともきつい練習をしている。（中略）こういうことはすべて、シーズン中盤の投げられなかった時期にわかったことだ」

〝できること〟をみつけて計画をたてることが有効だと、私は信じている。ベンチにいるときは、できることのリストをつくろう。それはビデオ映像を見ることかもしれないし、相手の研究をすることかもしれないし、筋トレをすることかもしれないし、チームメイトを元気づけることかもしれない。
自分でコントロールできる要素は何か、コントロールできない要素は何かを自分に問いかけてみよう。平静の祈り【神学者のニーバーがつくった祈りの言葉】が書かれた本を携帯している人も多い。その祈りの言葉は覚えておく価値がある。

神よ、自分で変えられないものを受け入れる冷静さと、変えられるものを変える勇気と、変えられるものと変えられないものを見分ける知恵を、お授けください。

■精力的に行動し努力するのに才能は必要ない。ポジティブに考えて自分に投資をし、〝自分ならできる〟と考えよう。

20

自分ならできると考える

YOU GOTTA BELIEVE

いちばん大切なのは、どのトーナメントに出ても勝てると思うことと、それを信じることだ——タイガー・ウッズ

自分と周りの人を信じていれば、いつかきっと大きなものを勝ち取ることができる——ディック・ヴァーミール

練習ラウンドのとき、タイガー・ウッズは友人のデービス・ラブ三世のほうを向いてこう言った。「最終日にぼくたちで優勝争いができたら最高だろうな」。二週間後、ウッズは五度目のプロトーナメントとなる一九九六年のラスベガス・インビテーショナルの最終ラウンドを、八アンダーの六四でまわって一位タイとなり、サドンデスのプレーオフへと進出した。相手はデービス・

ラブだった。

勝負は一ホール目でついた。テレビ局のアナウンサーは、ＰＧＡツアー初優勝を飾った二〇歳のゴルファーに祝いの言葉を述べ、こんなに早く成功することを想像していたか、と尋ねた。そのときのウッズの返答は忘れられない。アマチュア大会を三度制した彼は、三〇〇〇ワットの笑顔を浮かべて躊躇なく答えた。「もちろんです」

ゴルフ界に旋風を巻き起こした彼は、うぬぼれていたわけではない。ウッズはただ自分ならできると確信していると述べたのだ。

確信とは、人や物を信頼あるいは信用している心の状態や習慣のことだ。信じることで言動は変わるし、何をするにおいても言動はパフォーマンスに影響する。ウッズがプロに転向して毎回勝つと述べたとき――ジャック・ニクラウスから学んだ考え方だ――ＰＧＡツアーのベテランたちは、あきれたとばかりに目玉をぐるりと動かしたものだ。だが、ウッズが彼らに信じる力を見せつけるのに、そう時間はかからなかった。

「ウッズは本気でそう言っている」。トム・レーマンは言った。「ぼくがどんな影響を受けたかって？　考え方が変わった。毎回勝つつもりでやらないなら、戦おうという気持ちにはなれないいんじゃないだろうか。彼が学んだことを、ぼくも学ばなくては。ぼくは自分の才能を信じなくてはいけない。プレッシャーのかかる場面では自分を信じるべきだ。勝てると思わなくてはいけない」

心理学でいう自己効力感とは、自分には成功できる能力があると信じることをいう。自分を信じてさえいれば、いつでも勝てるという意味ではない。だが、自分を信じていれば、勝てる状態に自分をもっていくことができる。ディック・ヴァーミールは、コーチである自分と選手を信じていた。六三歳のとき、彼はセントルイス・ラムズをスーパーボウルに導き、見事に優勝をはたした。ペンシルバニア州立大学のコーチ、ジョー・パターノもこう言っている。「自分はすごいことをやってのけるにちがいないと、心の奥底で自分を信じなくてはいけない」

ニューヨーク・メッツは六位から順位を上げて、ナショナルリーグを制覇したことがある。「信じるんだ！」。ピッチャーのタグ・マグロウは、ロッカールームでチームメイトに向かって喝を入れた。この言葉は七三年にメッツがワールドシリーズに進出したときの合言葉にもなった。

同じ七〇年代、アーカンソー大学も大躍進した。その年、アーカンソー大学のフットボールチーム、レイザーバックスは、シーズン終盤の試合に勝利してオレンジボウルへの進出を決めた。ファンは歓喜のあまりオレンジをフィールドに投げこんだ。コーチだったルー・ホルツはファンのユーモアを解し、試合のあとこう言った。「行くのがゲイター《ワニ》ボウル【下位クラスのボウル・ゲーム】でなくてよかった」

だが、有頂天になっていたレイザーバックスは意気をくじかれた。全米で二位のオクラホマ大学とオレンジボウルで対戦することになったのだ。オクラホマ・スーナーズはそれまで一敗しかしていない。ネブラスカ大学に三八対七で完敗した一試合のみだ。対するアーカンソー大学は規模の小さなチームである。全米チームにも選ばれたことのあるガードはケガで戦列から離れていたし、コーチのホルツは、オフェンスの最有力選手の三人を、懲罰的な理由から控えにまわしていた。

メディアでは試合前からアーカンソー大学の死亡記事が書かれるありさまで、レイザーバックスに勝ち目はないとみられていた。新聞記事に書かれていることを選手たちが信じてしまっているようだと感じたホルツは、試合の二日前に、チームを集めてミーティングを行った。ホルツは選手に、自分たちがこれまで勝ってこられたのはなぜだと思うか、と訊ねた。集まったチームメイトの前で、選手はひとりずつ立ち上がって意見を述べた。ある選手はレイザーバックスのディフェンスの堅さを挙げた。チームの要となる選手が守られているからだ、と述べた選手もいた。それぞれの主張を述べあううちに、部屋の雰囲気が変わっていった。

ホルツは友人にこっそりと、彼のチームは三八点取るだろうと告げていた。少し楽観的すぎたかもしれないが、チームはそれに近い点数をあげた。アーカンソー大学は三一対六で勝利した。

レイザーバックスの意外な勝利をうけて、あるスポーツ記者は、キックオフ前に通路からフィールドに出てきたレイザーバックスの選手たちが、とても威勢がよかったという記事を書いた。地上部隊が突撃してきたようだったという。ホルツは選手に何を言ったのだろう。「オクラホマ・スーナーズは大きくて、厄介で、強くて、手に負えない、攻撃的な相手だと言ったんだ」。ホルツは無表情で述べた。「それから、最高のプレーができる一一人を先発メンバーにする、と伝えた」

自分に自信がもてるかどうかは、ビリーフシステム（信念体系）によるところが大きい。非合理的な信念や非現実的な信念はストレスを生む。成功につながるかストレスになるかは信念しだい、ということを説明した「ABC理論」というものがある。

まず、ある事柄が起こる（Activating event）。タイガー・ウッズはペブル・ビーチで行われたUSオープンにエントリーした。人はその事柄に対して、ある信念（Belief）をもって臨む。ウッズは自分にこう語りかけた。「ぼくは改善を重ねてきた。努力もしてきた。コースのこともわかっている。さあ、いまからコースに出て、いいラウンドをするぞ」。その結果（Consequences）に対して、人はさまざまな感情をいだき、さまざまな振る舞いをする。ウッズは言った。「自信があった。攻撃的に、賢くプレーした」。

自分について非現実的あるいは非合理的な信念をいだく選手がいる。また、自分はあるレベルに達するほど大きくない、強くない、速くない、うまくないと考える選手もいる。そういう人に私が問いかけたいことは「その証拠はあるのか？」ということだ。失敗することは恥ずべきことだという信念体系をもっている人もいる。だが、人生は失敗のうえに成り立つものだ。失敗をしないということは、おそらくチャレンジをしていないということだろう。赤ん坊のときに失敗を恐れていたら――失敗するのは恐ろしいことだと信じていたら――私たちは歩けるようにならなかっただろう。ほかにも、「もし失敗したら、誰も私を愛してくれないだろう。拒絶されてしまうにちがいない」という非合理的な信念をいだく人もいる。こう考えることでどれほどのプレッシャーを感じるか、考えてみてほしい。勝たなければ負け犬だ、負けたら誰からも愛してもらえない、リスクをとるのは危険だ、完璧でなくてはいけないなどと信じているなら、そういう信念は人生に混乱と問題を引き起こすだけだ。

こうした非合理的な信念を打ち砕くためにアスリートが用いる方法に、ポジティブ・アファメーション（肯定的な宣言）というのがある。このアファメーションは自分に力を与えるようなプラス思考の言葉でなくてはいけないし、現在形で言わなくてはいけない。モハメド・アリはその名人だった。「チャレンジすることを恐れるのは、信念が足りないからだ。ぼくは自分を信じている」。アリは言った。「偉大なチャンピオンになるためには、自分が一番だと信じなくてはいけない。もし信じていなくても、信じているふりをするんだ」。元ヘビー級チャンピオンで、ボクシング界最高のショーマンは、にこやかな声で自分と世界に向かってこう言った。「おれは薬を病気にさせるほどの悪党だ！」。また、世界で偉大なものはふたつだけだとも述べた。「それはイギリスとおれだ」

最高のバッターのひとり、ロッド・カルーはこう問いかけた。「きみは自分が先発メンバーだと思うか、それとも控え選手だと思うか？　自分はオールスターに選ばれると思うか、それとも選ばれないと思うか？　この質問の答えが後者なら、フィールドでのプレーにそれが表れる。でも、外からの影響をシャットアウトして自分を信じるようにすれば、いい選手になれるかもしれない」

アニメ『わんぱくデニス』のなかで、デニスもサンタクロースにこう聞いている。「サンタさんは自分のことを信じてる？」

自分に問いかけてみよう。自分の信念体系はどのようなものだろう。自分の夢、目標、能力を信じているだろうか。忘れないでほしい。あなたが達成できるのは、頭で想像できるもの、心で信じているものだけだ。

信念で行動は変わる。自分に限界を設けてしまうような信念は、自己破壊的な行動を生む。自分と自分の能力を信じよう。

21

ポジティブ思考を心がける

BETWEEN THE EARS

何を考えるか、どんな考え方をするかが、何事においても最も大きな違いを生む――ウィリー・メイズ

ゴルフの勝負は主に一四センチのコース、つまり、耳の間にある空間で行われる――ボビー・ジョーンズ

アスリートのパフォーマンスが急に悪くなることはよくある。スポーツ心理学では、何がどうして起こったのかを調査するのに、いわばブラックボックスやボイスレコーダーを回収するような方法がある。

私はビデオを差込口に入れ、再生ボタンを押した。私のオフィスに座っているメジャーリーグのピッチャーが、大きなテレビスクリーンに映し出された人物の姿を見る――自分の姿だ。彼はマウンドに立ち、ウォームアップのためにまず一球投げる。そしてまた一球。その日の情景、音、感覚、感情など、不愉快なその日のことが、しだいに蘇ってくる。画面の中で、先頭打者が軽やかな足どりでバッターボックスに入った。足場を固めたあと、そのバッターは前後にバットを振り、マウンド上の身長二メートルの選手に目を向ける。

ここで私はピッチャーに、試合が始まる直前のこの瞬間、何を考えていたのかと尋ねた。

「ウォームアップで投げた球はあまりよくなかった」。そのピッチャーは語りはじめた。「だから、このときは『フォアボールにはしたくないな』と考えていた」

ほかには？

話しているうちに、彼はしだいに不安そうな声になっていった。「この選手はとても足が速い。もし塁に出たら盗塁をするだろう。でも、うちのキャッチャーは肩があまり強くない。二塁まで行かれたら点が入ってしまうにちがいない。うちのチームは先制されると弱い……」

「自分の言葉をよく聞いてみてごらん」

そのピッチャーは気弱そうに笑った。試合のとき、彼は自分がネガティブ思考に陥っていることに気づいていなかった。でも、いま彼は、自分の言葉が敗戦のシナリオを語っていたことに気づいたのだ。まだ初球すら投げていなかったのに！　これではパフォーマンスがうまくいかなくても不思議はない。

そこで私は、ほかにどう考えることができただろうか、と尋ねた。

そのピッチャーは画面上の自分の姿をじっくり眺めるとこう言った。「ぼくの速球のコントロールは抜群だ」。ひとつポジティブな言葉が出てくると、次々と出てくる。「先頭打者を歩かせてしまっても、低めに球を集めれば、次の打者を打たせてダブルプレーをとることができる……この打者のことを心配するのはやめよう……一球一球に集中しよう。集中とリラックスだ。ミットめがけて投げ込もう」

誰でも頭の中でいろいろな会話をしている。私はこれをセルフトーク（心の声）と呼んでいる。どんなアスリートにも、ふたつの相反する声が聞こえる。ひとつはネガティブな批評家の声、もうひとつはポジティブなコーチの声だ。どちらの声を聞くかは、私たちの選択しだいだ。ゴルフ選手のアーノルド・パーマーは、ロッカールームでこう言いつづけていた。

やられると思えば、やられる
やられてたまるかと思えば、やられない
勝ちたいけれども、勝てないと思うなら
きっと勝てはしないだろう

負けると思った時点で、もう負けている
実社会に出たらきっとわかるはずだ
成功への道のりは決意から始まることを

心のもち方がすべてだ

人生の戦いで勝つのは
強くて速い者とはかぎらない
最後に勝つのは
自分は勝てると考える者だ

信念や姿勢と並んで、思考も強力な味方だ。思考が感情に影響を与え、感情がパフォーマンスに影響を与える。私の仕事は、頭の中で聞こえるネガティブな批評家の声を、ポジティブなコーチの声に変える方法を指導することで、アスリートが物事を明瞭に考え、思考をうまく使うことができるよう手助けすることだ。

あるとき、私はコネチカット州にあるイェール・フィールドに行き、マリナーズの2Aチーム（ニュー・ヘブン・レイブンズ）を訪問した。すると、センターの若い選手がバッティングケージで苦戦していた。「マック、どうもうまくいかないよ」。バッティングの合間に、彼はそう言って首を振った。「コツがつかめない」。彼の中のネガティブな批評家が忙しく働いていて、メガホンをつかんで彼の耳もとで叫んでいる。

「ちょっと質問してもいいかな」。私は言った。「もしケン・グリフィー・ジュニアがそんな風に考えていたら、どんなバッターになっただろう」

この質問を聞いたその若い選手は、動きを止めた。

もし、マリナーズのスラッガーだったグリフィーがマイナーリーガーの彼と同じような考え方をしていたら、あれほどのパフォーマンスは発揮できなかっただろうということは、彼にもわかっていた。スイング以上に若い彼を傷つけていたのは考え方だ。彼は思考を変えなくてはならない。少なくとも、頭を少し休ませなくてはいけない。テッド・ウィリアムズも賢明な言葉を残してくれている。「あまり前向きに考えられないときは、考えすぎないことだ」

私たちは非合理的で非現実的な信念をいだくことがあるが、同じように、思考がゆがんだり機能不全に陥ったりすることもある。アトランタ・ブレーブスのピッチャー、トム・グラビンはこう言っている。「一時期、あるバッターと対戦するときは、『やってはいけない』症候群に陥ったものだ。カーブがすっぽ抜けてはいけない、と自分に言い聞かせていた。すると案の定、すっぽ抜けた。だからいまは、『これをやる』と考えるようにしている。そう考えるとまったく違う」

ネガティブな批評家の声ばかり聞こえるプロゴルファーと仕事をしたことがある。彼も先に述べたピッチャーと同じように、自分のプレーをビデオで見直した。このショットを打つときに彼はどんなことを考えていたのか。その次のショットではどうか。彼のネガティブな話を聞いたあと、ポジティブなコーチといえば誰を思い出すか、と尋ねた。すると、彼はケン・ベンチュリと答えた。そこで、もう一度ビデオを見ながら、ベンチュリなら何と言うだろうか、と訊いてみた。

「ベンチュリなら、きみはよくやっているぞ、と言ってくれると思います。（中略）きみはこんなショットも打てるじゃないか。自分のスイングを信じるべきだ、と」

タイガー・ウッズには、いつもポジティブなコーチがついている。一九九九年のＰＧＡチャンピオンシップの一七番ホールで、二・四メートルのパーパットをするときもそうだった。首位を保つためには、なんとしてもそのパットを決めなくてはならなかった。セルヒオ・ガルシアが一打差で追ってきている。パットの構えに入ったとき、聞き覚えのある声が聞こえた。それは、自分にゴルフを教えてくれた人の優しい声だった。その人はギャラリーの中にいたわけではない。数マイル離れたところにあるホテルで、テレビでトーナメントを見ていただけだ。「自分のストロークを信じるんだ」。その声はそうささやいた。「自分のストロークを信じるんだ」

ウッズはその声を聞いて、信じた。パットは見事に入った。その晩、優勝を祝うパーティーで、アール・ウッズの息子はこう言った。「声が聞こえたよ、父さん」

あなたが聞くのはどちらの声だろう。ネガティブな批評家の声と、ポジティブなコーチの声の、どちらがより大きく聞こえるだろうか。自分の選択しだいで、ポジティブな思考を語りかけてくれる声に耳を傾けることができる。思考が言葉に表れる、といわれる。言葉は行動に結びつく。行動は習慣になる。習慣が人柄をつくる。人柄が運命を導く。

メンタルトレーニングは、物事を明瞭に考え、思考を有効に使う方法を学ぶものである。ストライク以外はバットを振らないことを学ぶのと同じように、悪い考えにとりつかれないことを学ばなくてはいけない。頭の中で聞こえる声を、ネガティブな批評家ではなく、ポジティブなコーチに変えよう。

22

感情をコントロールする

SERVANT OR MASTER

感情をコントロールすることを学ばなくてはいけない。そうでなければ感情に振り回されてしまう――エドガー・マルティネス

気が動転して冷静さを保てない野球選手は最悪だ――ルー・ゲーリッグ

その日、フィラデルフィア・フィリーズは、九回裏にヒューストン・アストロズに逆転を許し、負けを喫した。敗戦したチームのクラブハウスに監督が入っていくと、選手たちはビュッフェ形式の食事を楽しんでいるところだった。監督は目をむいた。血圧が上がるのを感じた。彼が突然腕を広げてテーブルの上のものを払いのけると、チキン・ドラムスティックやポテトサラダやフルーツの盛り合わせが宙を舞った。

「あーあ」。バーベキューソースが飛び散った部屋がしんと静まりかえるなか、ひとりのルーキーが小声で言った。「ここでは食べ物が飛んでいくのか」

スポーツほど感情や情熱を高ぶらせるものはない。テニスの名選手だったジミー・コナーズを見ればそれがよくわかる。彼はこんなことを言った。「ぼくは感情をむき出しにしてプレーする。感情から湧き出るエネルギーが、プレーのレベルを上げてくれるんだ」。観客にとってもそうだろう。ひとりのアスリートが活躍する姿は、全米じゅうにエネルギーと刺激を与えてくれる。

プロゴルファーの朴《パク》セリは、母国の韓国を離れたとき、ほぼ無名だった。プロ一年目にLPGAツアーで四勝したあとソウルに戻ると、何千もの人が彼女を空港で出迎えた。韓国の人たちは彼女を温かく迎え入れたのだ。朴は逆境を乗り越えて勝利したとして、国のシンボル的な存在になった。

私たちの姿勢、信念体系、そして思考が、私たちの現実をつくりだす。感情も生み出す。喜びもそのひとつだし、プライドもそのひとつだ。ほかにも基本的な感情には怒りと恐れがある。スポーツをしたことのある人は、この四つすべてを経験したことがあるだろう。

「自分に勝つ」のセクションで、「闘争・逃走反応」という古来、人間に備わっているメカニズムについて述べた。脅威を感じたりストレスを感じたりすると、私たちの心拍数は上がり、息が浅くなり、手に汗をかいたりする。アドレナリンのカクテルをゴクゴクと飲むようなものだ。強い衝動にかきたてられて、逃げるか闘うか、いずれかに備える。闘いに備えるときは、怒りの感情が湧いてくる。

マイク・タイソンのトレーナーだったカス・ダマトは、感情、とくに怒りは、炎のようなものだと語った。炎があれば料理もできるし体を温めることもできるが、家を焼き尽くしてしまうこともある。偉大なアスリートの多くは、怒りをポジティブな方法で使っている。怒りをモチベーションにしているのだ。怒りは決意をいっそう固くしてくれる。怒りをいだくのは、恐れをいだくよりもずっといい。

昨シーズン、ランディ・ジョンソンがスターリング・ヒッチコックと投げ合ったときのことだ。その日、ヒッチコックは連続ホームランを浴びていた。サンディエゴ・パドレスのピッチャーは、打席に立ったジョンソンの左ひじにデッドボールを与えた。ジョンソンはカッとなった。乱闘を起こして退場になるリスクを負うこともできたが、彼はそうしなかった。〝ビッグ・ユニット〟の愛称で親しまれたアリゾナ・ダイヤモンドバックスのジョンソンは怒りの矛先を変え、マウンドに上がると、一一人のバッターから三振を奪って完投勝利をおさめ、負けなしのシーズン七勝目をあげた。

アルバート・ベルも怒りを利用してボールをスタンドに叩きこんだ。ピート・ローズはこんな警告の言葉を発した。「おれのプライドを傷つけたら、きっと大変なことになるぞ」。マイケル・ジョーダンも誇り高い選手だった。バスケの試合中に挑発されたときは、ゴルファーのサム・スニードのいう〝冷静な怒り〟を表した。プレーオフになると、ジョーダンはいつも笑顔を浮かべながら相手を倒した。

スポーツはフラストレーションを生むこともある。ろくに考えず、コントロールすることもなく、怒りにまかせた反応をするのは簡単だ。ビョルン・ボルグは一二歳のころ、癇癪を抑えることができなかった。「そこらじゅうにラケットを投げまくったり（中略）ボールを客席に打ちこんだり、いろいろなことをやっていた」。かつてのテニスの名選手は昔を振り返ってそう言った。「両親はそれが恥ずかしくて、とうとうシングルスの試合は見に来なくなったよ」

アーサー・アッシュ【四代大会を初めて制覇した黒人のテニス選手】が初めてラケットを投げたのは一〇歳のときだ。アッシュにテニスの手ほどきをしたロナルド・チャリティは、アッシュをロバート・W・ジョンソン博士のところへ連れていった。博士はバージニア州・リンチバーグの黒人の医者で、テニスをこよなく愛している。博士のトレーニングは長く、要求も厳しかった。人種差別の激しかった一九五〇年代の南部では、トーナメントのディレクターが、何かと理由をつけては黒人の子どもをトーナメントから追い出そうとしていることを博士は知っていたからだ。アーサー・アッシュとは私も一〇代のころに対戦したことがあるが、しっかりと自分をコントロールしていて、表面上は冷静さを保っている選手だった。

若いころ、ボビー・ジョーンズは地元のゴルフクラブでは敵なしだったが、すぐにカッとなる性格だった。〝クラブ・スローワー（クラブを投げる人）〟というニックネームもついたほどだ。ジョーンズは、バート爺さんの名でみんなに慕われていた年配の男性と友だちになった。ゴルフ場のショップでパートタイマーとして働いていた男性だ。一四歳のとき、ジョーンズは全国アマチュア選手権に出場したものの、負けて帰ってきたことがあった。「ボビー、きみにはトーナメントで勝てるくらいの実力がある」。バート爺さんは言った。「だが、その癇癪もちをなんとかしなくては勝てないぞ」

ジョーンズもその老人が言っていることは正しいとわかっていたが、彼がトーナメントで勝てたのは、その七年後だった。「ボビーがゴルフをマスターしたのは一四歳のときだ」。バート爺さんは言う。「だが、ボビーが自分自身をマスターしたのは二一歳になってからだ」

怒りにかられるとき、怒りはあなたの中にある最悪な面を引き出す。バスケットボール選手のラトレル・スプリーウェルはコーチの首をしめたことがある。ロベルト・アロマーはアンパイアに唾をはきかけ、野球界で最も非難を受けた選手になった。マイク・タイソンはイベンダー・ホリフィールドの耳を噛んだあと、精神鑑定を受けさせられた。コントロールできない怒りは暴動に発展することもあるし、スポーツ競技場で死人が出ることもある。

数年前、シアトル・マリナーズから、スポーツ心理学のマニュアルを書いてくれないかと頼まれた。そこで、私はチームのトップ選手の何人かと面談をすることにした。そのひとりがエドガー・マルティネスだった。監督のルー・ピネラはマルティネスをとても気に入っていた。「マルティネスはとてもプロフェッショナルな選手だ」。ピネラは言った。「何かに心を乱されることがない。マウンドの上ではつねに冷静だ」

面談で私はマルティネスに、マイナーリーグからメジャーリーグに昇格できたのは、自分のどこがよくなったからなのか、と尋ねた。彼の答えに私は驚いた。

「感情のコントロールに取り組んだからだ」。マルティネスはそう言った。「ぼくはそれほど短気ではないけれど、それでも過去には壁を叩いたり、ヘルメットの収納箱を叩いたりしたことがある。でも、先輩の選手にそれではいけないと教わったんだ。チームメイトや相手チームに、ぼくが落ちこんでいるとか、苦しんでいるとか思わせてはいけない、と。そんなことをすればチームメイトを傷つけることになる。ぼくを信用できなくなるからだ。イライラしても、それをフィールドで表してはいけない。たとえばトイレに行くとか、自分がひとりになれる場所に行って、そのイライラをやり過ごさなくてはいけない。これはいままでにもらったなかで、最高のアドバイスだ」

ボルグもすぐにこう学んだ。「コートの中で自分の気分をコントロールできない選手は、偉大な選手にはなれない」。ジャック・ニクラウスもいいことを言っている。「癇癪をおこさず、自分を卑下せず、ショットを打つ前に毎回きちんと戦略をたて、自分の能力に見合ったプレーをしていれば、どれだけショット数を減らせたことだろう」

名選手は感情をコントロールでき、感情に振り回されることがない。怒りや欲求不満に支配されているバッターは、次の打席でいい結果が出ることはないだろう。力んでしまうからだ。誰も塁に出ていないのに、スリーランホームランを打とうとしているようなものだ。

ピッチャーのジム・パーマーは、イライラしたときは、座って何がいけなかったのかを考え、次の回でそれを修正するようにしていたと語っている。五九歳でメジャーリーグのマウンドに上がったことで有名なサチェル・ペイジはこう言っている。「腹の底で自分にイライラしてきたときは、横になって冷静に考え、心を鎮めることだ」

シンプルな言葉だが、賢明なアドバイスだ。

感情にふりまわされるのではなく、解決法を考えよう。怒りにかられるとき、怒りはあなたの最悪な面を引き出す。大切なのは、コントロールするのはどちらなのか――あなたなのか、感情なのか――を思い出すことだ。パフォーマンスをコントロールしたければ、まずは自分自身をコントロールしなくてはならない。

23

先のことを恐れない

FEAR LIVES IN THE FUTRE

障害にもいろいろあるが、最も大きな障害は恐れだ――サム・スニード

レシーバーが最もやってはいけないことは、ボールをキャッチできなかったらどうしよう、ヒットされたらどうしよう、と心配することだ――ジェリー・ライス

フェニックス消防署は、プロのスポーツチームと同じくらい選抜が厳しい。消防士になるには相応の資質が必要だ。訓練生は高度な課題をいくつもこなさなくてはいけない。レスキュー時に使われる高い梯子をフル装備で登るのも、そのひとつだ。

私は二〇年前から、新人消防士が活動するときのメンタルトレーニングを行っている。教室での実演もよくやる。あなたもぜひやってみてほしい。もし私が、ソファや椅子の上、あるいは机の上に立ってください、と言ったら、あなたは問題なくそのとおりにできるだろうか。とくに問題はないだろう。では、その椅子や机が二〇個積まれていて、その上に立ってくださいと私が言ったらどうだろう。そのとき、あなたはどんなことを考えるだろう。どう感じるだろうか。やれるだろうか。

やれと言われていることは同じだ。では、何が違うのか。ほとんどの場合、それは「恐れ」だ。恐れとは、危険や脅威を感じたときの心理的な反応だ。偉大なゴルフ選手だったサム・スニードが言ったように、恐れは最悪な障害だ。なぜなら、恐れは緊張、疑い、あるいはパニックを引き起こすからだ。スニードは、かつてアフリカのサファリにいるときに、こちらに向かって突進してくる荒々しいゾウを、二七メートルの距離から撃ったことがある。「すぐ近くにくるまで命中しなかった」。スニードはそう回想する。「でも、まったく怖くはなかった。それなのに一・二メートルのパットは、死ぬほど怖い」。恐れをいだくと化学的なホルモンが分泌され、パフォーマンスが阻害され、動きが抑えられてしまう。スポーツをするときに恐れをいだくと、無難なプレーしかできなくなる。ネガティブな面ばかりを考えて、ミスをするのを恐れるからだ。

最近、大学時代のルームメイトとゴルフをした。当時、クリスはバスケットボールチームのキャプテンで、私はテニスチームのキャプテンだった。彼とはかれこれ三〇年近く張りあっている。ゴルフは私のほうがクリスよりもはるかにうまい。だから、ゴルフでは彼に勝って当然だ。でも、彼がアリゾナまで来て私のホームコースを回るときは、こちらのほうがずいぶん有利なはずなのに、私はうまくプレーできない。自分のゴルフをするのではなく、無難なゴルフをしてしまうからだ。負けまいとして、小さなゴルフになる。怖がったプレーをしてしまうのだ。パットが強すぎたらどうしよう、スリーパットになったらどうしよう、ハンディキャップのある相手にワンストローク差で負けたらどうしようと怖くなり、クラブを短めに握るのだが、最初のパットをショートしてしまい、結局スリーパットになったりする。私が学ばなくてはならないのは――いまも学んでいる最中だが――恐れに支配されないことだ。ミスをすることを案じるのをやめなくてはいけない。

恐れは子どものときに植えつけられる。体の大きなコーチが「お前のせいで台無しだ！」とか「どうしたらそんなバカなことができるんだ？」と怒鳴ることもあるだろう。子どもはこうした批判的なメッセージを内に取りこんでしまう。大きくなるにつれ、それがしだいに失敗することへの恐れへと発展していく――間違ったことをしてしまうのではないかという恐れだ。

スペシャルオリンピックス【知的障害のある人たちにスポーツトレーニングや競技会を提供する組織】のプログラムはとてもすばらしい。モットーは「勝とう。もし勝てなくても、勇気をもって挑戦しよう」。コーチやボランティアの人たちは、アスリートに必要なもの――励ましとサポート――を提供してくれる。スペシャルオリンピックスに参加するほとんどの子どもや大人は知的障害があるのだが、五〇メートル走をするときも、走り幅跳びをするときも、砲丸投げをするときも、失敗することを恐れていない。先のことを考えるから恐れが生まれる。このアスリートたちは「いま、ここ」を生きている。彼らは参加することを楽しみ、満足している。

恐れと聞くと、不思議なオズ王国にいる魔法使いのことを思い出す。姿は見えないけれど存在していて、カーテンの向こうから声が響いてくる。恐れは私たちが想像するとおりの大きさと強さをもっている。あるアスリートは恐れに抵抗し、あるアスリートは否定しようとする。ねじ伏せようとする者もいる。でも、私はそうしたことはしないほうがいいと伝えたい。恐れはパフォーマンスにはつきものだ。元オリンピック選手のブルース・ジェンナーはこんなことを言っている。「恐れはプロセスの一部だ。恐れがなければ困ったことになるだろう」

恐れに抵抗しても、恐れは消えてなくならない。水の中にビーチボールを沈めようとするのと同じだ。抗えば抗うほど、プレッシャーは強くなる。

アスリートは恐れを受け入れて、これは活力がみなぎってきたことを示す体のサインなのだと認識したほうがいい。恐れに悩まされるのはやめよう。そうではなく、自分の恐れを捜してみよう。カーテンを開けるのだ。恐れの仮面をはぎ、恐れと対峙しよう。その正体を調べてやろう。「恐れを感じたときも、恐れと真正面から向き合って合理的に吟味すれば克服できる」。ジャック・ニクラウスは言った。「ぼくは自分にこう言うんだ。『オーケー、きみは何を怖がってるんだい？全体的に見たら、きみはとてもうまくやっているよ。ゴルフで難所に挑戦しているときがいちばん興奮すると、きみはいつも言ってるじゃないか。だから、大丈夫。楽しんでプレーするといい。一打一打、挑戦していこう』」

以前、私はアリゾナ州・スコッツデイルにあるオレンジツリー・ゴルフコースのそばに住んでいたことがある。私の家は一七番ホールのティーグラウンドから二〇〇メートルほど離れたところにあった。驚いたのは、よく家の裏庭にゴルフボールがふたつ落ちていたことだ。そのふたつは三〇センチと離れていないところに落ちていて、ボールには同じメーカーのロゴが入っている。どうやら週末にやってくるゴルファーが、恐れからティーショットをスライスさせてしまいOBになったようだ。ネガティブな考え方が、最も恐れていた結果を招いたのだ。二つ目のボールをティーに乗せるとき、彼は同じ失敗をしたらどうしようと心配し、結局また同じような失敗をしてしまったのだろう。オリンピックのアーチェリーチームの元コーチ、アル・ヘンダーソンもこう言っている。「いま打ったショットのことをくよくよ思い悩んでいると、次のショットも同じようになる」

オールプロに選ばれたことのあるワイドレシーバーのジェリー・ライスは、心配しているとパフォーマンスに悪い影響が出ると学んだ、と言っている。「ぼくは成長したよ」。彼は言う。「パスを落としても、ぼくはルーキーのときのように自分を卑下したりしない。ルーキーのときは、シヨートパスをドロップしようものなら緊張でガチガチになったものだ。そして必要以上に頑張ろうとして、必要以上に考えはじめてしまう。それまで何千回も練習したこと（ボールをキャッチすること）を淡々とやるのではなく、ボールをドロップすることを心配していた」

恐れは寿命をどれくらい縮めるだろうか。あなたのパフォーマンスをどれほど阻害するだろうか。恐れをいだいているとき、ほかに何を考えているだろう。体にどんな感覚があるだろう。怒りをモチベーションに変える偉大なアスリートの多くは、恐れを味方につけている。ブルース・ジェンナーの話をもう一度聞いてみよう。「死ぬほど怖かった。でも、恐れがあったから点がとれた。恐れは私の背後一五センチのところにいる。そこが恐れのいるところ。そこにいるのを感じることができる。でも、恐れが私をとらえることはない（中略）私が恐れをつかまえて、自分の有利になるように使っているからだ」

覚えておいてほしい。恐れはあなたを守ってくれはしない。あなたを守ってくれるのはトレーニングだ。

恐れにおびえないこと。恐れを感じつつ、とにかくやってみよう。恐れは現実のもののように見えるが、幻想であることがほとんどだ。

24

呼吸と集中

BREATHE AND FOCUS

誰だって緊張することはある。勝者は敗者よりも、緊張したときにどうすればいいかをよく知っている

――ジョン・マッケンロー

苦しい状況でも平静でいる方法を身につけなくてはいけない――ルー・ピネラ

肝心なときに力を発揮できない人。そう呼ばれるのは、スポーツ選手にとって最もみじめなことだ。

試合で緊張するのは不名誉で、恥ずべきことで、許されることではないと世間は見る。あがってしまうアスリートは臆病者に見られる。意志の弱い人だ、性格に問題があるのだ、と。一九九四年のNBAプレーオフの際、ヒューストン・ロケッツはホームでフェニックス・サンズと対戦したのだが、二四点のリードがありながら第四クオーターで逆転負けを喫したことがあった。翌日、ヒューストンの新聞の見出しには、非難がましい言葉が躍っていた。「肝心なときに勝てないチーム」

「なぜうちのチームが?」。あるスポーツ記者はこう嘆いた。チームの敗戦を、まるで自分のことのようにとらえていて、恥ずかしくてたまらないという表情だった。

スポーツをしているときに、喉元に手をやって呼吸ができないという仕草(チョークサイン)をするのは最悪の事態だ。でも、緊張して息苦しくなるのは珍しいことではない。ウィンブルドンでもオリンピックでも起こる。誰にでも起こりうる。

「誰だってあがってしまうことはある」。そう話すのはUSオープンで二連覇を達成したカーチス・ストレンジだ。「あがったことがないなら、きみは人間じゃない。大会でプレーするときは、ぼくたちも普通の人と同じように緊張する」。リー・トレビノは、不安に押しつぶされてしまうアスリートを、機械トラブルを起こしたレースカーにたとえている。「誰だってオイル漏れを起こすことはある」

一九九六年、グレッグ・ノーマンはマスターズの最終ラウンドで、六打差のリードをひっくり返されたことがある。彼の悲運は、六四年のフィラデルフィア・フィリーズのシーズン終盤での陥落や、ドイツの飛行船ヒンデンブルク号の爆発事故によく例えられる。昨春、ニューオリンズで開かれたPGAツアーで、ブレイン・マカリスターは最終ホールをパーであがりさえすれば七年ぶりの優勝を手にできるところだった。ところが、結果はボギー。プレーオフの最初のホールでは、これを決めれば確実に優勝できるという場面で、一二〇センチのパットをはずした。次のホールで、マカリスターはカルロス・フランコに敗れた。

「久しぶりのことだったので、昔のように少しあがってしまった」。どうして崩れてしまったのかと尋ねられたマカリスターは言った。「あそこにいるあいだ、ずっと血を流しているような気分だった。息がつまって（最終日の最終ホールで）ミスをしてしまった。残念な結果になったよ。しばらくはいろいろと言われるだろうね」

マカリスターだけではない。その一週間前、クレイグ・スタドラーは一九九六年以来の優勝を手にするチャンスだった。ところが、プレーオフの三ホール目でパットに失敗し、ヒューストン・オープンをロバート・アレンビーに次ぐ二位で終えることになった。

緊張して息がつまってしまうのは人間の自然な反応で、心理的な脅威を感じたときに起こる生理学的な反応だ。その状態を再現するために、私はアスリートに立ってもらって、思わず息を止めてしまうようなトレーニングをしている。あなたもぜひやってみてほしい。まず、集まった人たちに、これはコンテストだ、と告げる。私がひとりずつ観察してパフォーマンスの状態を評価していくぞ、と。そのあと、号令をかけはじめる。「左向け……右向け……左向け……右向け……左向け……右向け……右向け……」。すると、当然、左と指示されるものと思いこんで、自動的に左を向くアスリートがいる。この課題を続けていくうちに、彼らはしだいに不安をつのらせていく。すると呼吸のパターンが変わる。気づかないうちに、息を止めている人が大勢いる。酸素はエネルギーだ——燃料だ。酸素を吸うと筋肉がリラックスして、頭がすっきりする。息を止めるとプレッシャーが生まれ、不安になる。息がつまってくると、アスリートは緊張するのではないかと緊張する。不安になるのではないかと不安になる。ある心理学者によれば、不安とは〝息をせずに〟興奮している状態だという。

呼吸のパターンはパフォーマンスのパターンにも影響を与える。ストレスにさらされているときは、深呼吸をすることで頭と体をいま現在に集中させることができる。

私は長年、「呼吸と集中」と書かれた小さなステッカーをアスリートたちに配っている。野球選手は明るいオレンジ色をしたその丸いステッカーを、ユニフォームの肩のところや、帽子のツバの裏側によく貼っている。ホッケーの選手ならスティックに貼ってもいいかもしれない。一緒に仕事をしてきた消防士たちは自給式呼吸器に貼っている。このステッカーは注意喚起になる。不安になってきたと感じたら、呼吸をしてエネルギーを補給しよう。ネガティブな考えは息とともに外にはきだし、息を吸ってリラックスする。息とともにストレスも外にはきだそう。

ある年の春キャンプで、マリナーズはトレードで獲得した新しいピッチャーをテスト登板させた。球団は、このピッチャーが五回までもつかどうか試したかったのだ。五回に入ると、彼は崩れはじめた。一本ヒットを許したかと思うと、次々と打たれた。ダグアウトに座っていた監督のルー・ピネラは私のところへ来ると、首を振ってこう言った。「マック、あの選手は苦しい状況でも平静でいる方法を知らないようだ」。ピネラはピッチングコーチをマウンドに送った。コーチは戻ってくると、ピネラに向かってこう言った。「あいつは目がうつろだった」。訳すと「心ここにあらずの状態だった」ということだ。ピネラはピッチャーを交代させた。

ピネラの言う、苦しい状況でも平静でいる方法を身につける、とはどういうことだろう。あなたは冷たいシャワーや、凍っている湖やプールに飛びこんだことはあるだろうか。冷たさに思わず息をのむことだろう。すぐにそこから抜け出したいと思うはずだ。でも、呼吸をして集中力を保っていれば、しだいに水の温度に慣れていく。これはプレッシャーのかかる場面でパフォーマンスをするのとよく似ている。呼吸と集中によって、意図的に自分の感覚を鈍らせることができる。

ストレスにさらされているときのアスリートは呼吸のパターンが変わるが、それだけでなく、外に意識を向けてプレーに集中するのではなく、内に意識を向けて自意識過剰になる。内向きに焦点を合わせてしまうのだ。だから私は、不安になるアスリートには意識を外に向けるようにアドバイスしている。私の親友でブルワーズのピッチャーだったジム・コルボーンは、ミルウォーキー・カントリー・スタジアムの旗を掲げるポールを見て、プレーに集中しなおしていたそうだ。

裁判官のオリバー・ウェンデル・ホームズは、野鳥狩りについて次のように述べているが、このアドバイスは戦いの場に挑むどんなアスリートにも当てはめることができる。「飛んでいる鳥を撃つには、意識をすべて集中させなくてはいけない。自分のことを意識してはいけないし、同じように、隣にいる人のことも意識してはいけない。鳥にすべての意識を集中させなくてはいけない」

緊張して息がつまってしまうのは、対戦相手や自分のプレーに集中しなくてはいけないときに、自分の生理機能のことに注意がいってしまっているからにすぎない。

誰でもときには緊張したり不安になったりすることがある。苦しい状況でも平静でいられるようになろう。うまく呼吸をして、自分のエネルギーを集中させよう。呼吸をすることで、自分の頭と体を、いま現在に集中させよう。

25

「いま、ここ」に集中する

BE HERE, NOW

私はいつだって、いま目の前にあるポイントのためにプレーする。さっきとったポイントのことも、これからとるポイントのことも考えない――ビリー・ジーン・キング

勝つためには、「いま、ここ」に集中しなくてはならない――アレックス・ロドリゲス

一九九六年、アレックス・ロドリゲスは奇跡のようなシーズンを過ごした。マリナーズでショートを守っていたこの若手選手は、打率、打点、塁打数、満塁ホームラン数、二塁打数ともにアメリカンリーグでトップとなった。最優秀選手賞（ＭＶＰ）の投票ではテキサスのファン・ゴンザレスに敗れ二位となったものの、その得票差はここ三五年で最も少なかった。

五カ月後、ロドリゲスが春のトレーニングで何か新しいことを始めたいと言ってきた。ロドリゲスは人好きのする男で、性格はアリゾナの空のように明るい。私はハグをして彼を出迎えたあと、今シーズンの目標は何かと尋ねた。ほとんどのアスリートは数字にこだわるものだ。野球選手なら自分の長打率や防御率は、わざわざ調べなくとも知っている。大切な電話番号と同じで、自分の成績は暗記している。だから、私は二一歳のこの若者が、もっと打点を多くしたい、打率を上げたいと言うだろうと思い、それにはかなりの努力が必要だろうと考えていた。前年度の彼の打率は三割五分八厘だったからだ。ところが、彼の返答を聞いて私は驚き、思わず笑顔になった。「バット・マック」。ロドリゲスは言った。これは野球界での私のニックネームだ。「ぼくが目標にしているのはただひとつ。試合が始まってから終わるまで、いま、ここに意識を集中させてプレーする方法を学ぶことだ」

試合の最後まで「いま、ここ」に集中してプレーするのは、メンタル面で最も大切なことだ。監督やコーチの多くが、一球一球、一プレー一プレーに集中することの大切さを説いている。ロドリゲスが若くしてスター選手になれたひとつの要因は、試合におけるメンタル面の大切さを知っていたことと、「いま、ここ」に集中してプレーすることの意味を理解していたことだろう。だが、そのスキルはすぐに、簡単に身につけられるものではない。史上最も偉大なゴルファーだった故ボビー・ジョーンズもこう言っている。「ゴルフは一度に一ストロークずつ打っていくスポーツだと昔から言われていて、それはとくに目新しい話でも特別な話でもない。でも、私がそのことを理解するのには何年もかかった」

成功したアスリートによると、「ゾーンに入った」ときは、いま現在に集中してプレーでき、頭と体が調和してよく働くのだという。いま目の前にある試合に集中しているときにこそ、ベストのパフォーマンスができる。それはなぜか。いまに集中していれば、プレッシャーを感じないからだ。

プレッシャーは未来について不安をいだいたり、過去の失敗を思い返したりすることによって生まれる。野球選手が打席に立つときに、この前の打席で三振したことを思い出したり、「打てなかったら、ベンチにさげられてしまう」と独り言をつぶやいたりしていたら、はたして、いま現在に集中してプレーすることができるだろうか。答えは明らかにノーだ。

ある年のシーズンオフに、盗塁を得意とする選手と仕事をした。私は彼に尋ねた。塁上にいるときに、前回、牽制でアウトをとられたときのことを考えはじめたらどうなると思うか、と。そして私が言いたいことをはっきり伝えるために、彼の背中に飛び乗った。まるで大きな赤ん坊だ。彼はその意図をわかってくれた。やっかいな考え事を背中に乗せたまま簡単に盗塁ができるだろうか、と私は問いたかったのだ。現在のことではなく過去のことをくよくよ考えていたら、動きが鈍くなるだけだ。

コミック『ピーナッツ』で、ルーシーがチャーリー・ブラウンにこう謝る場面がある。「監督、すみません、簡単なフライを取れませんでした」。二コマ目でルーシーはこう言う。「取れると思ったんですが、急に、エラーしたときのことを思い出してしまって……」。最後のコマで、ルーシーは自分の問題をこう分析する。「過去のことが頭にちらついてしまったのがいけなかったのね!」。私なら、プロのアスリートに言うのと同じことをルーシーに言ってやるだろう。先にも述べたように、ミスをするのではないかと心配していると、思ったとおりのミスをしてしまうものなのだ。

試合で最大限の力を発揮する方法を学ぶには、自分が現在のことから気をそらしてしまうのはどんなときか、考えてみるのもひとつの方法だ。こんなテレビの公共広告を思い出す。世の親たちに問いかける広告だ。「午後一〇時です。子どもがどこにいるか把握していますか?」。同じように、自分にも問いかけてみよう。「試合の時間です。意識がどこにあるか把握していますか?」

意識するとは、分析も評価もせずに、ただ目的に注意を向けることだと私は考えている。簡単に言えば、一瞬一瞬をよく見て、仕事に没頭した状態になることだ。

いい方法がある。呼吸に意識を向けてみよう。呼吸をするたび、数を数えてみる。一……二……三……四……五……。これを繰り返す。できたら、もう一度。数えつづけて。そしてまたもう一度。簡単なことのように思えるが、そのうち、あなたの頭はほかのことを考えはじめる。呼吸に意識を向けていないとすると、あなたの意識はどこにあるだろうか。

最近、NHLの選手と話をしたときのことだ。彼はある試合のとき、何度も時計を見ている自分に気づいたという。自分のシフトが終わりに近づいていくなか、彼は自分が得点をあげられなかったという事実と、なくなりつつある時間のことしか考えられなくなっていた。私は彼に、片目を時計に向けていたら、パックを見るのも片目だけになってしまう、と話した。勝つためにいま現在に集中するには、ふたつの目をターゲット――パック、ボール、バスケットゴール、あるいは目の前にある仕事――に向けなくてはいけない。時計の針は進むに任せればいい。

「いま、ここ」に意識を向けるにはどうしたらいいだろうか。シカゴ・カブスと仕事をしていたときは「メンタル・ロッカー」という方法を使っていた。選手はリグレー・フィールドにあるクラブハウスや、対戦相手のホームグラウンドに到着すると、自分のメンタル・ロッカーのドアを開ける。服を一枚脱ぐたびに――ジャケット、シャツ、ベルト、右の靴下、左の靴下――自分の抱えている問題や、個人的な悩みごとを手放していく。私服からユニフォームに着替えおわるころには、気が散るものや、個人的な悩みごとをすべて脱ぎ捨てて、いま現在に集中した状態になっている。意識があるべき時間帯にあり、フィールドで成功をおさめるのに必要な、理想的な心の状態になっている。

ジョー・パターノは、カレッジフットボール界で最も尊敬される、実績のあるコーチだ。ペンシルベニア州立大学のフットボール選手なら誰でも、キャンパスとフットボール場を分ける〝ブルーライン〟のことを知っている。パターノはチームの選手たちに、練習に行くときや、ロッカールームを出て試合に行くときには、想像上のそのブルーラインを越える前に、心配ごとや悩みごとはすべて捨ててきてほしい、と話している。いったんそのブルーラインを越えたら、昨日の数学のテストの点数を気にしてはいけないし、明日の夜のデートのことを夢想してもいけない。その境界を越えた瞬間に、選手は大学のフットボールのことに意識を集中させて、そのほかのことを考えてはいけない。そうでなければ、アスリートとしての自分をないがしろにすることになる。チームを傷つけることにもなる。

意識をいま現在に集中していないと勝てない。

過去から学ぼう。未来に備えよう。そして、いま現在に集中してパフォーマンスをしよう。

26

ゆっくり急ぐ

HURRY, SLOWLY

素早く動かなくてはならないが、けっして急いではいけない――ジョン・ウッデン

大事な場面では、けっして急いではならない――ジョアン・カーナー

グリフィー・インターナショナル・ベースボール・キャンプの初日の朝は、興奮に包まれている。二〇〇人を超える子どもたちが、アラバマ州からオーストラリアまでの幅広い地域から、オーランドにあるディズニーワールド・スポーツ・コンプレックスに集まってきているのだ。ここはアトランタ・ブレーブスが春のトレーニングを行う本拠地。これからの五日間、子どもたちは野球の指導を受けながら楽しく過ごす。三塁線に沿って並んでいる子どもたちは、このキャンプのTシャツを身につけ、早くやりたくてしかたないという様子で、とびきりの笑顔を浮かべている。

グリフィー・インターナショナルでスポーツ心理学のディレクターをしている私は、キャンプへようこそ、と子どもたちを歓待したあと、あるコンテストを開催する。

「これから、誰がいちばん足が速いか競争してみよう」。私は子どもたちに話しかける。「私が三つ数えるまで、きみたちは待っていなくてはいけない。私が『三』と言ったら、いちばん近くにあるフェンスまで走ってくれるかな」

私はショートの守備位置に立ち、センター方向にあるフェンスに目を向ける。

小さい子から大きい子まで、キャンプに参加した子はみな、期待に胸を躍らせながら三塁側の白線につま先をつけてかがみ、エンジンの回転数をあげる。「オーケー、用意はいいかな?」。ここで絶妙な間をとる。「一……二……三! スタート!!!」

子どもたちは、ためていたエネルギーを一気に噴出させて走り出し、足を上げ、腕を振り、一目散に駆けていく。かぶっていた野球帽が風に吹き飛ばされる。センターのところにあるフェンスのところまで行くと、走者たちは戻ってくる。ハーハーと息をして、疲れきっている様子だ。ところが、十数人の子が満足そうな顔で三塁線の向こう側にあるフェンスに平然ともたれかかっているのを見て、なんだそうだったのか、という顔をする。彼らは息をきらしてもいないし、疲れてもいない。私が言葉ではなく身振りで与えた指示を無視した子たちは、ただ後ろを向いて、言われたとおり、いちばん近いフェンスまで走っていったのだ。

ほかの子たちは、NFLの偉大な元ディフェンダー、ジム・マーシャルと同じような気持ちになる。マーシャルはファンブルしたボールをとったあと、エンドゾーンまで六二ヤードを走り――間違ったほうのエンドゾーンに走ってしまった――相手チームにセーフティポイントを与えてしまったことがある。

スポーツをしているときに不安になったり、感情的になったりしたらどうなるだろうか。ほとんどの人は慌てはじめる。急ぐように行動し、先走ってしまう。ダブルプレーをとろうとした二塁手は、ボールが手につかないうちに投げてしまうだろう。ワイドレシーバーは、ボールをキャッチしないうちからフィールドを駆けあがってしまうだろう。

ピッチャーなら、試合の大事な場面で四球を与えたあと、次のバッターにホームランを打たれてしまうかもしれない。すると突然、チームは窮地に立たされる。ピッチャーの呼吸は浅くなり、心臓の鼓動が激しくなる。自分に苛立ち、自尊心が傷つき、もはや頭もはたらかない。精神的に焦りはじめる。気づかないうちに、いつものリズムが崩れてしまう。

アスリートが〝ゾーン〟に入った状態になると、自分を取り巻くすべてのものの動きが遅く見えるものだ。自分もゆっくりとしたペースでプレーしているように感じる。逆にストレスを感じているときは、ピッチャーの目に映る世界は昔のサイレント映画のようにスピードが速くなる。そして、しだいに、せきたてられるような心持ちになる。大慌てで先を急ぐ『不思議の国のアリス』の白ウサギのように、パニックに陥ってしまうのだ。「大変、遅刻だ、遅刻だ!」

慌てた状態のとき、意識は現在にない。コーチに注意された、昔の悪い癖が出てしまう。意図をもって投げるのではなく、投げ急いでしまう。指令が「構え、狙え、撃て！」ではなく「構え、撃て、狙え！」になる。

こういうときのピッチャーは、デビス・カップの試合に出場していたあるペルー人のテニス選手のようだ。その選手は対戦相手のバハマの選手よりも動きが早く、才能もあった。試合での調子もとてもよかったのだが、審判のある誤審によって一変した。その後もまた誤審があり、彼は明らかに腹を立てている様子だった。そのあと彼の動きが性急になったように見えた。苛立ったまま次のゲームをあっさりとったものの、おそらく彼は自分の状態がよくわかっていなかったのではないかと思う。冷静さを取り戻すことも、焦ったプレーを修正することもできず、結局、そのあと二セットを連取され、彼は敗れた。

「プレッシャーの法則」のセクションでジャック・ニクラウスが言っていたことを思い出してみよう。緊張すると、アスリートはできるだけ早くその試練を終わらせたいと考えるものだ。急げば急ぐほどパフォーマンスは悪くなる。パフォーマンスが悪くなればなるほど選手は焦り、自滅のサイクルをたどることになる。

リー・トレビノはマスターズでプレーするのが好きではなかった。あのコースは自分のプレースタイルには合わない、というのだ。グリーンの速さに不満があり、ラウンドするたびにトーナメントの主催者に向かって、グリーンをエンジンオイル添加剤でコーティングすればいい、などと冗談を飛ばしていた。もともとトレビノはプレーが速い選手だが、オーガスタ・ナショナルの一八番ホールの最短記録はトレビノだろう。自分のふがいないプレーに不満と苛立ちを覚えていたトレビノは、一八番ホールでろくにスタンスもとらないまま、グリーンに向かってセカンドショットを打った。白い、コロニアル様式のクラブハウスに戻ったトレビノは、南北戦争でアトランタを焼き払った北軍のシャーマン少将のことをほのめかしながら、こうぼやいた。「シャーマンがここも焼き払ってくれればよかったのに」

アリゾナ・カージナルスが、フォーティナイナーズと対戦するためにサンフランシスコにいたときのことだ。キャンドルスティック・パークへ向かうチームバスの中で、私は運転手の頭上に、ある貼り紙があることに気づいた。そこには「窮地に陥ったときの第一の鉄則」という題字の下に、「自分が穴の中にいると気づいたら、まずは掘るのをやめること」と書かれていた。

どんなアスリートでも不満を覚えることはある。自分で自分を窮地に陥れてしまうこともある。私からあなたに伝えられる最良のアドバイスは、窮地に陥ったときの第一の鉄則を思い出すといい、ということだ。窮地に陥ったら「止まれ」と書いてある赤い交通標識を思い出そう。

ときと場合によって、何も行動しないことがいちばんいい方法であることもある。こんな格言がなかっただろうか。「なんとかしようとするな、ただ立っていればいい」。若いアスリートが学ばなくてはいけないのは、急げば急ぐほどブレーキがかかるということ。これはスポーツにおけるパラドックスのひとつだ。

シアトルのピッチャー、ジェイミー・モイヤーは、自分が窮地に陥っていることに気づいて不安が高まり、「ねばならない思考」にとらわれはじめたら――これをしなくてはならない、あれをしなくてはならない――ショベルを置くタイミングだ、と考えるようにしているという。そんなとき、モイヤーはマウンドから離れて内野の芝生の上に立つ。そしてボールを両手で揉み、首を左右に動かして緊張をほぐす。一呼吸おくそうだ。

トップアスリートたちは、モイヤーや監督と同じことをしている。タイムを要求し、メンバーを集めたりする。以前のセクションでマインド・ジムをつくろうという話をした。自分のマインド・ジムへ行って、競技中に窮地に陥って不安が高まり、パニックになってしまったときと同じ状況を、もう一度頭の中でつくりだしてみてほしい。そのときの自分の反応を思い出そう。そのあと筋書きを変えてみよう。まず、タイムをとるところを想像する。そして、自分が集中力を取り戻し、いま現在に意識を戻していくところを思い描く。忘れてはいけない。落ち着きと自分のテンポを取り戻す最初のステップは、鼻のすぐ下にある――まずは口から大きく息を吐き出そう。

急げば急ぐほどブレーキがかかる。気持ちが急いてきたら、いま現在に意識が向いていないということ。急がずにゆっくりいこう。

27

肩の力を抜く

TRY EASIER

緊張と力みが少ないほど、より速く力強くなれる――ブルース・リー

もっと速く走るコツは五分の四の力で走ることだ。落ち着いて肩の力を抜くこと――バド・ウィンター

タイガー・ウッズと同様、全盛期のサム・スニードも他の選手を大きく引き離して、ゴルフ界のトップに君臨していた。スニードは力でボールを打っているようには見えなかった。それどころか、引退する年齢をとうに過ぎても、前にかがんで両の手の平を地面にペタッとつけられるほど体がとても柔らかく、その動きはとても詩的だった。スニードはワルツのテンポでゴルフをした。ティーグラウンドにいる友人に声をかけるときの口調と同じように、滑らかなテンポだ。「ボールをおだてるといいと信じているんだ」。スニードはそう語ったことがある。「『ちっとも痛くないからね』とささやきかけるんだ。『きっとうまく飛んでいけるよ』ってね」

ケン・グリフィー・ジュニアは、試合で使うバットのグリップを削らない。「ぼくはそれほど力が強くないから」。グリフィーは言う。「ベンチプレスでは、せいぜい九〇キロくらいしか上げられない」。彼のパワーの源は獣のような力ではなく、てこの原理をうまく使った柔軟性のある大きな動きだ。「ぼくはホームランバッターじゃない。でも、ボールをしっかり見て思い切り打てば、場外にだって運べる」

スポーツでは力が強いのがいいこととされている。コーチはアスリートに、一一〇パーセントの力を出せと要求する。理論上、無理な話だというのに。だが、筋肉や力がすべてではない。頑張りすぎると、いつもよりうまくいかないものだ。緊張したりプレッシャーを感じたりすると、アスリートはいつもより頑張ろうとするが、それが逆効果になることがよくある。

アメリカで最も成功した陸上コーチのバド・ウィンターは、選手たちにこう言っていた。「落ち着いて肩の力を抜くこと」。九〇年代前半にダラス・カウボーイズがスーパーボウルに出場したときに、タイトエンドとして活躍したジェイ・ノヴァチェクは、大学時代は陸上競技をやっていた。私がノヴァチェクと一緒にトレーニングをしていたある日のこと、彼は陸上のコーチが行ったある実験のことを話してくれた。彼とチームメイトは、コーチから八〇〇メートルを速く走る方法を教わった。そのあと、同じ距離をトップスピードの九〇パーセントで走ってみるように、とコーチから指示された。「ぼくと仲間が驚いたのは」ノヴァチェクが言った。「全力で走ったときよりも、九〇パーセントの力で走ったときのほうが、タイムがよかったことだ」

これはどう説明すればいいのだろう。自分の意思によって動かすことのできる随意筋が、自分の意思によって動かすことのできない不随意筋とうまく連動したということだ。陸上競技やほかの多くのスポーツでは、どちらかの筋肉が収縮し、もう一方が弛緩しているときに、最も効率よくパフォーマンスができる。トップスピードで走るとき、アスリートはすべての筋肉——主動筋と拮抗筋——を使う。それはアクセルにもなれば、ブレーキにもなる。このふたつの筋肉は逆の働きをしているからだ。それが理由で速く走れないことがある。九〇パーセントの力で走るとき、ランナーは筋肉の力を多量に使うが、最高のパフォーマンスを妨げる拮抗筋は弛緩させている。

ピッチングについても同じことが言える。できるだけ速い球を投げようとすると、ピッチャーは腕のすべての筋肉を使おうとする。でも、スピードとコントロールを両立させるためには、屈筋（上腕二頭筋）を弛緩させ、伸筋（上腕三頭筋）を主に使わなくてはならない。

ノーラン・ライアンがメジャーリーグでプレーしていたのは、六人のアメリカ大統領の在任期間にわたる。この奪三振王は力強い球を投げたが、けっして投げすぎることはなく、それが選手生命が長かった理由だと言われている。「速球投手は、筋力で投げこめばいい、と思いがちだ」。ライアンは言う。「バランスを崩したままワインドアップし、力ずくで投げ込もうとして自分のリズムを乱してしまう。誰にでも限界がある。自分の限界を知り、それにうまく対応していかなくてはいけない」

私のテニスのパートナーであるブラッド・ハーパーは、私がサーブするときになるといつも、リラックスしろ、と言ってくれる。「マック、スパゲティの腕だ！」。プレッシャーがかかると、私たちはついつい力が入ってしまう。腕の力を抜けば、うまく手首のスナップをきかせることができて、より強力なサーブが打てる。トロント・ブルージェイズのピッチングコーチ、マーク・コナーは、ピッチャーに柄の長いむちを振らせて体の仕組みを説明している。まず、腕の大きな筋肉を使って振ったあと、手首を素早く動かしてピシッと投げるように教えているという。

ピッチャーは、ボールを卵だと思って握れ、と教えられるが、試合が白熱してくると、ニワトリを絞め殺すかのようにボールを握ってしまう選手もいる。ゴルフやそのほかのすべてのスポーツでミスをしてしまう最大の身体的原因は、筋肉が過度に緊張することだ。力を出そうとして筋肉が過度に緊張すると、力と精度が失われる。ゴルファーはリラックスして打つのではなく緊張した状態になり、筋肉がうまく協調しなくなる。ボビー・ジョーンズによれば、不安をいだいているプレーヤーはボールをうまく操ってやろうと考えるが、そのせいでかつてないほど悪いショットを打ってしまったりするのだという。

「自分の数値を知る」のセクションで、緊張のことをギターの弦に例えた。弦が緩すぎると音程は下がってしまう。でも、きつく張りすぎると切れてしまう。バット、クラブ、ラケットのグリップの感触を、いつでも感じられるようでなくてはいけない。もし感じられないなら、きつく握りすぎているということだ。「ためてためて、ボールをうんと引きつけてから、緩く握ったバットを振るんだ」。最高のバッターのひとり、トニー・グウィンはそう語る。自分のスイングを感じられないようなら、焦っているか力が入りすぎているかのどちらかだ。

ウィリー・マギーはバッティングコーチに、リラックスできない、と相談したことがある。「ウィリー」。コーチのベルナルド・レオナルドはその選手に向かって言った。「不安な気持ちを抱えていては、体もリラックスできないよ。（中略）心に不安があると、体も不安になる。心が平静だと、体も平静になる」

ストレスや緊張と同じように、リラックス状態も自分でつくりだすことができる。リラックスするトレーニングをする目的は、緊張しているという警告サインに早く気づき、それに対処したり、リラックスした感覚に置き換えたりする方法を覚えてもらうことにある。面白いことに、緊張した筋肉をほぐすには、まずはその筋肉をもっと収縮させてみるといい。肩がコイルばねのようになっていると感じたら、肩を持ち上げてその筋肉を収縮させてみる。そのままの姿勢を五秒から一〇秒ほど保つ。筋肉の緊張を感じ、その感覚を味わおう。そのあと肩を下ろし、筋肉を完全にリラックスさせる。

体をリラックスさせれば、心もリラックスする。心が平静だと、体も平静になる。

緊張を生み出すのをやめれば、リラックスできる。力みすぎると力を発揮できない。

28

ターゲットに意識を集中させる

SIMPLY OBSERVE

見ることでたくさんのことを観察できる――ヨギ・ベラ

ピッチャーとどう向き合うかじゃない。ボールとどう向き合うかだ――マット・ウィリアムズ

以前、フォトジャーナリストとしてニューヨークで活動していたころ、『新インナーゲーム』（日刊スポーツ出版社、二〇〇〇年）という本を読んだことがある。あるセクションで著者のティム・ガルウェイは、スポーツ心理学の最も大切な原理に基づいた、シンプルな指導技術について触れていた。

そのセクションには、テニスをまったくやったことのない女性にレッスンをしたときのことが書かれている。案の定、その女性は緊張していて、自信がなさそうだった。そこで、ラケットを振るたびに、いくつもの指示――「ラケットを引いて！　膝を曲げて！　踏み込んで打つ！」――を思い出して頭がいっぱいになってしまわないように、簡単な指示だけを与えるようにした。ガルウェイは、ボールがその女性の前ではねたときに「バウンス」と声をかけ、ボールがラケットに当たったときに「ヒット」と声をかけた。

バウンス、ヒット。バウンス、ヒット。バウンス、ヒット。そのアドバイスに従ううち、女性はしだいにリラックスしていった。フォームや技術に気をとられることもなく、結果を案じることもなかった。目はしっかりとターゲットをとらえていた。目の前の仕事に意識が集中している状態になった。

スポーツをするとき、私たちはとかく分析しすぎる。ゴルフのインストラクターが一〇人いれば、一〇人とも違うことを言うだろうし、フォロースルーの仕方から、腰の使い方、体重移動の仕方、左手の伸ばし方やダウンスイングの仕方まで、一〇人が一〇人、違うアドバイスをするだろう。親切なインストラクターのなかには、複雑なことを言いすぎる人もいる。ゴルフのインストラクターに性教育をさせたら、気づいたときには文明社会が終わっているだろう、というジョークが昔からあるくらいだ。

脳のある部分は、つねにものを考え、分析し、計算し、評価している。カブスのリッチー・ジスクはチームの打撃専門医だった。正式には打撃学博士。ジスクはバッターが頭で考えすぎたり、分析しすぎたりしているときに聞こえてくる批判的な声のことを、〝サルのおしゃべり〟と呼んでいた。打席に立ったとき、ティーグラウンドにいるとき、テニスコートにいるときに、そんな心の声や批判的な言葉が聞こえていたら、はたして最高のパフォーマンスができるだろうか。当然、できるわけがない。

あなたが目指すべきなのは、目で見てプレーすることであって、頭で考えてプレーすることではない。

「ボールを見て、ボールを打つ」。ケン・グリフィー・ジュニアは言う。打席に立っているときは、スイングの軌道のことも、肘の位置のことも考えていないそうだ。

マット・ウィリアムズは、対戦するピッチャーのこれまでの経歴や成績はいっさい気にしないという。彼はただひとつ、野球ボールだけに集中している。

元ピッチャーのオーレル・ハーシュハイザーの話を聞いてみよう。「キャッチャーと次に投げる球を決めたら、頭の中にあるのはそのことだけだ。打者のことも考えない。次の試合のことも、次のイニングのことも、次の打者のことも、次のプレーのことも考えない。次に投げる球のことだけを考えている。ぼくの仕事はそれだけだ」

トム・シーバーはマウンドに上がるとき、ほかのことはすべて忘れるようにしていたという。「ダブルプレーをとれた球を二塁手がエラーしてしまったことも忘れなくてはいけない。審判が判定を何度も間違えたことも。あるいは妻がブルーミングデールで七万円も散財したことも」

バウンス、ヒット。ターゲットに集中しよう。仕事に意識を向けよう。映画『ラブ・オブ・ザ・

ゲーム』では、引退を控えた年配のメジャーリーガーの役を、ケビン・コスナーが演じている。最後の試合で、彼は疲労と痛みに苦しみながらも、メンタルの力で仕事に集中する。自分に言葉をかけることで集中する。「テクニックなんか忘れろ」。彼は自分に言い聞かせる。その瞬間、彼は自分がヤンキー・スタジアムにいることを忘れた。観客の声も聞こえないし、周りの選手も目に入らないし、威嚇するようにバットを振っているバッターのことさえ頭から締めだした。状況を分析することもしない。彼の周りは集中という覆いで囲まれた。ジャック・ニクラウスは、集中力のことを〝不安の解毒剤〟と呼んだ。マウンドにいるそのピッチャーは、静けさのなかにいる。目だけに意識を集中させ、その目はターゲットをとらえている。彼に見えているのは、キャッチャーミットだけだ。

ニクラウスは著書『ゴルフマイウェイ』（講談社、一九七四年）のなかで、ショットを打つ前には、ひとつのイメージを思い浮かべると書いている。「カラー映画のようなものだ。まず、自分がボールを飛ばしたい場所と、明るい緑色の芝生の上に広がる青空と、白い雲を〝見る〟。そのあとシーンは次の場面へすばやく変わり、ボールが飛んでいく軌道、そのかたち、そして地面に落ちる様子を〝見る〟。その場面がフェードアウトすると、次のシーンでは、たったいまイメージしたことを実現しようとして素振りをしている自分の姿が見える……」

目は心の鏡、とよく言われる。目は意識の鏡でもある。偉大なアスリートの目はサーチライトではない。スポットライトでもない。レーザービームだ。

シアトルで行われた試合で、アリゾナ・カージナルスのクオーターバック、ジェイク・プラマーは相手にしてやられた。シーホークスの選手に七回もタックルを決められたのだ。試合の終盤でこの若きクオーターバックがハドルに加わったとき、ベテランのレフトタックル、ローマズ・ブラウンは彼を注意深く観察した。

「ジェイク」。ブラウンが言った。「お前の目を見せてみろ」

なぜ、目を見る必要があるのだろう。

「目を見れば、すべてわかる」。ブラウンはこれまでの経験からそう言った。プラマーの目を見れば、このクオーターバックが自信を失ってはいないか、あきらめきってはいないか、ブラウンにはわかるのだ。プラマーの気持ちがまだここにあり、目の前のことに集中してプレーできているなら、それもわかる。アスリートの視線がさまよいはじめたら、頭の中もそうなっているということだ。目の前にある仕事に視線が定まっていない。

見ることでたくさんのことを観察できる、と言ったヨギは正しい。私はアスリートと仕事をする際、最高のパフォーマンスをしたときの映像を見てもらうことにしている。言葉で説明するよりも目で見たほうがわかりやすい。彼らはそのイメージとポジティブな感情を頭に入れる。すると、しだいに分析するのをやめるようになり、目が覚める。

あなたは目を使ってプレーしているだろうか。目標に集中できているだろうか。ボディビルダーのアーノルド・シュワルツェネッガーは、筋肉の輪郭を思い浮かべながらトレーニングをしているという。「鍛えたい筋肉を思い浮かべながら一回ダンベルを持ち上げるのは、ぼんやりとしながら一〇回持ち上げるのと同じくらいの効果がある」。何か——テニスボールでもゴルフボールでも野球ボールでもグローブでもいい——を手に取る動作でトレーニングをすることもできる。それを手に持って、見て、調べて、じっくり観察する。気持ちが別のものにそれてきたら、もう一度その物体に全神経を集中させる。このトレーニングをすると集中力を高めることができるし、意識を向けたものへの気づきも多くなる。

意識がぶれはじめたら、パフォーマンスもうまくいかなくなる。ターゲットをしっかり見据え、目の前にある仕事に意識を集中させよう。プロセスに重点を置き、結果は気にしないようにしよう。

準備を怠らない

THE BOTTOM LINE

勝とうという意志も大切だが、勝つための準備をしようという意志は絶対になくてはならない――ジョー・パターノ

準備を怠るということは、失敗する準備をしているようなものだ――ウェイン・グレツキー

シルヴィ・ベルニエは、プレッシャーのかかった場面で失敗した過去がある。だが、いま彼女は表彰台の最上段に立ち、輝くような笑顔を浮かべている。国旗を見つめながら国歌を歌っているとき、このフランス系カナダ人の飛込み選手は、風船のように天にも昇る心地で、首にかけられた金メダルの重みをかみしめていた。

この大会では何もかもがベルニエの思い描いたとおりになった。プールに着いた瞬間から、彼女が頭の中で何度も何度もイメージしてリハーサルをしたとおりに、一日が過ぎていった。「八月六日、午後四時に、決勝戦で演技をすることになるとわかっていた」。ベルニエは動画『マインド・オーバー・マッスル（Mind Over Muscle）』の中で、そう回想している。「どこにスコアボードがあるかもわかっていた——私の左側。コーチが座る場所もわかっていた。すべて頭の中に入っていた。観客がどこにいるのかも。自分の理想どおりの飛込みをするところも思い描くことができた。表彰台に上がったとき、この場面は前に見たことがある、と思った」

「まるでデジャヴュのようだった」

カナダ・ケベック州出身の二二歳の彼女がチャンピオンになれたのは、人生最大の場面に、アスリートに必要なものを身につけたうえで臨んだからだ。

それは、自信だ。

試合におけるメンタル面で、最も大切なものはなんだろう。これまで二〇年にわたってこの質問を、何百人という監督、コーチ、プロ選手に、飛行機での移動中や、スタジアムに向かうバスの中で尋ねてきた。誰もがこう言った。それは自信だ、と。自信があればリラックスできるし、自分の実力を信じることもできるし、最高のパフォーマンスができる。自信がなにより大切だ。

では、自信はどこからくるのだろう。偉大なアスリートたちは、自信とは、フィジカル面もメンタル面も準備が整っているとわかっていることだ、という。何をするべきかは経験からわかるが、それができるのは自信があるからだ。自信とは、頭も、体も、心も準備ができているとわかっているときに感じるものである。

フェニックス消防署長のアラン・ブルナチーニは、ヴィンス・ロンバルディを消防署長にしたような男だ。彼が自信について面白いことを言っていた。自信とは、何をすべきかわからないときに、するべきことを知っていることだ、という。一九世紀の科学者ルイ・パスツールは、灼熱の砂漠で大火災に立ち向かうこともなければ、スーパーボウルでチームを指揮することもなかったが、彼の言葉は消防士にも、フットボールの選手にも、飛込みのオリンピック選手にも、ほかのすべての選手にも当てはめることができる。彼はこう言った。「チャンスは、準備が整った者のところへやってくる」。ゴルファーのトム・カイトもこう言っている。「幸運は起こさせるものだ」

本書では全篇にわたって、メンタル面の準備は少なくともフィジカル面の準備と同じくらい大切だと強調している。NFLのオールプロでも活躍したレシーバーで、引退後スポーツキャスターをしていたアマド・ラシャドはこう言っている。「運動能力の高い選手は、ただ試合に出てプレーしているだけだ。四、五年もすると、彼らの姿を見なくなる。頭のいい選手はそこをよく心得ていて、一〇年も一二年も活躍する。フィジカル面以上に、メンタル面を鍛えているからこそ、それが可能になる」

自信は準備することから生まれ、準備は頭の中でゲームプランを思い描くことから始まる。偉大なアスリートは、最もいいシナリオを思い浮かべるだけでなく、最も悪いシナリオも思い浮かべる。といっても、失敗するところをイメージするのではない。うまくいかない、難しい状況になったときにどう対応するかを頭の中で計画しているのだ。スポーツではボールがイレギュラーバウンドをすることもある――笑いごとではすまない場合もある。試合や競技が自分の思いどおりにいかないこともよくある。準備の整っているアスリートは、プランAだけではなく、プランBもCももっている。

レジー・ジャクソンは、勝利とは準備の科学だと言った。「準備とは、簡単に言うと、何もやり残さないこと。どんな小さなこともおろそかにしてはいけない」

アメリカの宇宙飛行士が月への有人飛行に初めて挑戦したときには、うまくいかないときと、うまくいくときの、あらゆる場面を想定した訓練が行われた。万が一異常な事態が発生したとしても、彼らはどう対応すべきかわかっていた。準備しすぎるくらいに準備をしていたので、任務を遂行できないということはなかっただろう。

NFLの元クオーターバック、フラン・ターケントンは、試合に備えて、厳しい場面でプレーする自分の姿を頭の中で思い浮かべていた。「試合のあらゆるシチュエーションをイメージしている。自分を止めにかかってくるディフェンス陣をすべて思い浮かべるんだ」。ターケントンは言う。「それから自分にこう問いかける。『第三クオーターで相手陣地の五ヤードラインのところにいて、なんとかゴールを決めたいという場面。ここまでショートパスがうまく通っていないことを考えると、目の前に大きな壁が立ちはだかっているように感じる。スコアは六点のビハインド。さあ、このときお前ならどうする?』」

一流のスポーツ選手は頭を使って体をプログラミングしている。野球殿堂入りを果たしたピッチャーのノーラン・ライアンは、自分のルーティンについてこう語っている。「試合の前の晩、ぼくは横になって目を閉じ、体をリラックスさせて、試合の準備をする。相手チームのラインナップを始めからひとりひとり思い浮かべる。そして、各バッターに対してどういうピッチングをするか詳しく思い浮かべて、思ったとおりのピッチングができたときの自分の姿と、そのときの感情をイメージする。球場でウォーミングアップを始めるころには、頭の中では各バッターとすでに四回対戦している。体は思いどおりのピッチングをする準備ができている」

リラックスしているとき、体はポジティブな考えとポジティブなイメージを受け入れやすい状態になっている。フィリーズの元投手、奪三振王のスティーブ・カールトンにも試合前のルーティンがあった。ライアンと同じように、カールトンもトレーニングベンチの上に横たわって目を閉じる。「みんな彼が寝ているのだと思っていた」。そう語るのはカールトンとバッテリーを組んでいたティム・マッカーバーだ。「けれど、彼が考えているのはストライクをとるコースのことだ。外角か内角か、彼はそれしか考えていない。真ん中に投げることは、いっさい考えない。真ん中に投げるところを考えないでいると、本番でもうまくいくそうだ」

スポーツ専門チャンネルでアナウンサーをしているハロルド・レイノルズは、マリナーズでセカンドを守っていたときに、イメージトレーニングを利用していた。「アップをしているときにラインナップを発表する声が聞こえてくる。そしたら、この打者のときはどういうシフトをとろうかとイメージする。前の晩には、相手がどんな球で攻めてくるかを考えて、メンタル面とフィジカル面で気をつけることを書きとめておく。相手がどんな動きをするか、ぼくを追いこむ作戦なのか、じらす作戦なのか、書いてみる。どちらにも備えておかなくてはいけない」

オリンピックで金メダルをとった体操選手のバート・コナーは、頭の中で演技のリハーサルをしていた。彼は『ホワット・メイクス・ウィナーズ・ウィン（What Makes Winners Win）』の中で、自分がルーティンをしている姿を、そのリズムやタイミングまで感じながら思い浮かべていた、と書いている。「自分が演技しているところを、背後から見ている人になったつもりで思い浮かべるんだ」。コナーは言う。「すると、いつもとは少し違う絵が見えてくる。そんな絵を見たときは、いつも最高のパフォーマンスができた。どういうことかというと、イメージするとき、ぼくは頭の中でその場面、体育館、審判、アリーナを思い浮かべて、器具がどこにあるか、滑り止めが入っている容器はどこにあるかまで、すべてイメージする。すると、じっさいに演技をするときには『あれ、ここには前に来たことがあるぞ』という感じになる。そうなれば、とても自信が湧く。なぜなら、すでに一度やったことのあることだからだ」

バッティング練習をいっさいしないまま試合に出ることがないのと同じように、イメージトレーニングをいっさいしないまま競技に臨むのはやめよう。自分がパフォーマンスをしているところを思い浮かべよう。自分の動きを見よう。自分が動いているところを感じよう。周りの音を聞こう。匂いをかごう。できるかぎり鮮明なイメージを思い浮かべよう。

フィジカル面だけでなくメンタル面の準備も整っていると感じられれば、自信が湧いてくる。じゅうぶんに準備をしておけば、実力を発揮できる。

第四部　ゾーンに入る

30

自分の力を信じる

TRUST YOUR STUFF

決断力をもて。間違った決断をしたとしても、決められずに逡巡しているよりましだ――ベルンハルト・ランガー

心に迷いがあったら、筋肉だってどう動けばいいかわからないだろう――ハーヴィー・ペニック

二〇〇〇年のマスターズ・トーナメントの最終日、ビジェイ・シンは思いがけない贈り物をもらった。父親なら誰でも嬉しくて笑顔になるようなサプライズだ。シンの九歳になる息子カスが、ゴルフバッグにメッセージカードを添えておいてくれたのだ。そこにはこう書かれていた。「パパ、自分のスイングを信じてね」

父親を信じている息子をがっかりさせたくなくて、この日、首位でスタートしたシンは、期待どおりのプレーをした。〝勝利〟を意味するファーストネームをもつ、フィジー出身のこの選手は、一番ホールから最終ホールまで、確実に、自信をもってプレーし、三打差で後続を抑え、マスターズで優勝した。試合後、勝者に贈られるグリーンジャケットに身をつつんだシンは、息子のカスとともに、勝利の笑みを浮かべて記者会見場に現れた。

シンはラウンドを振り返って語った。「ぼくが気をつけていたのは、自分のスイングを信じることだ」

成功するアスリートは自分の才能を信じている。そして、スイング、ショット、ピッチングの一球一球に全力を傾ける。私が友人からゴルフのコツを尋ねられたときは、正しいかどうかより、とにかく決断することが大切だ、と答えている。ゴルフ界で最も尊敬されている故ハーヴィー・ペニックはこんな言葉を残している。「優柔不断で、自信がなく、必ずやってやるという強い気持ちがなかったら、体はどう動けばいいかわからなくなる」。才能のあるアスリートがそうなってしまうところを、私たちは見てきた。プレッシャーにさらされると自信がなくなり、優柔不断になってしまう。自分を信じていないからだ。

一九九〇年マスターズでのサドンデス形式のプレーオフが、まさにそうだった。わずか六〇センチのパットを決めさえすれば、スコット・ホークが優勝するという場面。勝利を手中におさめたといってもいいくらいだった。彼はある方向からウィニングパットのラインを読んだ。それからカップの反対側にまわり、もう一度ラインを確かめた。そのあと戻ってきてボールの手前にかがみ、もう少し時間をかけてラインを読んだ。それからもう一度、別の方向から確かめた。

距離はせいぜい六〇センチ、ほぼストレートなラインだが、ホークはまるで、ビリヤードプレーヤーが四回クッションを使うバンクショットをする前に、緑色のクロスが張られたビリヤード台の周りを回って、キューにチョークをつけ、あらゆる角度からコースを読んでいるかのような念の入れようだった。

時間は刻々と過ぎていく。アスリートのなかにはストレスがあると無意識に急いでしまう者もいるが、ホークはじっくり時間をかけた。チチ・ロドリゲスはこう言った。「スコアカードを見る時間を減らして、グリーンを読む時間を増やせ」。これはいいアドバイスにはちがいないが、ホークはトルストイの『戦争と平和』でも読んでいるかのようにじっくりと時間をかけたあと、やっとボールのところへ行き、スタンスをとった。視線はしきりとボールからカップへ、カップからボールへと行ったり来たりする。

この様子をテレビで観ていたベン・クレンショーは、ホークが時間をかけすぎているのに気づいて——五五秒たってもまだ終わらない——思わず叫んだ。

「なにしてるんだ。打て!」

とうとう、ホークがパターを引いた。確信をもったストロークというより、どうか入ってくれと願うようなストロークだった。コツン。ボールは九〇センチオーバーしてしまった。クレンショーは顔をしかめて首を振ると、信じられないという様子で言った。「ほらみろ。なんてこった」。

結局、ホークはプレーオフの二ホール目で、バーディーをとったニック・ファルドに敗れた。自分を信じられないと頭が混乱する。自分に疑いをもっていると体が思うように動かないことがある。自分を疑うのは、自分自身の敵となり自分に向かって武器を突きつけるようなものだ、とも言われている。

どんなスポーツにおいても、自信と信頼はなにより重要だ。殿堂入りを果たしたドジャースのピッチャー、サンディー・コーファックスは、自信なさそうに、いわゆる正確なピッチングをするよりも、多少荒れていても全身全霊で投げるほうがいい、と語っている。「これが自分のピッチングだと、自信をもてるようでなくてはならない。いまから投げる球を自分は投げたいのだと、自信をもって言えるようでなくてはいけない」

ドジャースのエース、ケビン・ブラウンは、調子が悪くても思い切って投げていれば、そのうち調子が戻る可能性が高くなる、と語っている。

成功する習慣は練習のなかで培われていくものだ。練習していると、集中するコツがわかるようになる。「手強い相手との試合の真っ最中に『集中しろ、集中！』と自分に言い聞かせても、集中できるわけがない」。テニスの元スター選手、マルチナ・ナブラチロワは言う。「集中力は、練習しているコートの上で養われる。（中略）練習を本番だと思って取り組み、一打一打、集中して打ちこまなくてはいけない」

練習では、体と同じように脳を鍛えることも覚えなくてはならない。サム・スニードは、練習する時間は脳を筋肉に入れこむ時間だ、と語った。ルーティンを意識して行っていれば、そのうち成功するための習慣を無意識に行えるようになる。ルーティンとは、ある目的のために、自分でコントロールしながら、繰り返し行うもののことだ。ノマー・ガルシアパーラは打席に入る前に、バッティンググローブを神経質に何度も引っぱり上げる一連の動きをする。そのあと打席に入ったら、まず片方のつま先で地面を軽く蹴り、次にもう片方のつま先でも軽く蹴る。このちょっと変わった習慣を、彼は練習のときから実践している。どのバッターにも独自のルーティンがある。ルーティンには心を落ち着かせる働きがある——スイッチを入れる働きといってもいい。ただし、ナイターが始まる前の午後三時に必ずチキンを食べるというウェイド・ボッグスの習慣のように、験《げん》をかつぐための儀式的なものとはちがう。

ゴルフでショットを打つ前のルーティンといえば、ボールの後ろに立ち、目標を定めることだろう。このとき、頭の中ではコースを分析して戦略を練っている。そして自分に問いかける。ピンはどこだろう。風向きは？ ジャック・ニクラウスも言ったように、このとき頭の中でショットの弾道をイメージするのだ。

どんなショットを打つか決めたらボールのところへ行き、もう頭では余計なことを考えない。そうすれば体が動くようになる。分析的な思考のスイッチを切るのだ。思考するモードから、自分を信じるモードに切り替える。思考しながらスイングをすることはできない。

自分の実力以上のプレーをしようと思っても、それはむりだろう。だから、いまの自分の力を信じてプレーしよう。

■ひとつひとつの動きに全身全霊で取り組もう。自分の心に迷いがあると、筋肉はどう動けばいいかわからない。ルーティンを行って、思考モードから自分を信じるモードに切り替えよう。

31

真っ白な瞬間

WHITE MOMENTS

バスケットボールのコートに足を踏み入れるときはいつだって、先のことはわからない。その瞬間のためだけに、ぼくは生きている。その瞬間のことだけを考えてプレーしている――マイケル・ジョーダン

絶好調のとき、おれは何も考えていない。何もかもが自然と起こる――オジー・スミス

ベン・クレンショーが一九九五年のマスターズの初戦でパーを切ったときは、本人も驚いた。その前日、彼はテキサス州・オースティンで、ハーヴィー・ペニックの葬儀に出席していた。九〇歳で亡くなったペニックは、クレンショーの師であり生涯の友でもあった。クレンショーが六歳のときに、初めてのゴルフクラブをプレゼントしてくれたのがペニックだ。それ以来ペニックはいつもそばで彼を励ましてくれたり、技術的なことだけでなく、もっと深いゴルフ哲学を教えてくれたりした。最愛の友の埋葬を見届けたあと、クレンショーはオーガスタ・ナショナルへ飛んだ。ゴルフ場に着いたときには疲労感があり、心もうつろで、くたくたの状態だった。「どうなるかわからないな」。ティーショットを打つ前にクレンショーは言った。四日後、想像もしなかったようなことが起きた。

齢四三歳のクレンショーが、一一年ぶりにマスターズで優勝したのだ。最後のパットがカップに沈んだとき、彼は前かがみになり、顔を手で覆って泣いた。

「いまでも、あのときのことはよく思い出すよ」。五年後、彼はそう語った。「あの週は説明のつかないことがたくさん起こった。ずいぶん長いあいだ、たいした成績は残せていなかったのに、初日に自分ならやれるという気持ちになって、最終日までそれが続いたんだ。とてもリラックスしていたけれど、やってやるという気持ちもあった。いろいろな意味で、子どもに戻ったような感じだった。(中略)一週間、自分の直感に従ってラウンドしていたよ。これまでにないくらい心が穏やかだった」

スポーツを長くやっている人や、作品づくりに没頭している人は、訓練の成果と自分への信頼が完璧に調和する、奇跡的な瞬間を体験するものだ。その瞬間は、流れるようにスムーズに、なんの苦もなく、ほぼ無意識にパフォーマンスができる。このときの神がかったパフォーマンスは――マイケル・ジョーダンは長年の努力と準備の賜物だと表現している――説明のしようがない。神様からの恵みのように、そんな瞬間が訪れることがある。

きっとあなたも、壁に埋め込まれた金庫に鍵がピタリとはまるように、何もかもがうまくはまる経験をしたことがあるだろう。これは夢ではないと確かめるために、自分をつねってみたくなるようなときが。笑い出したくなるときもあるかもしれない。「うそみたい。こんなにうまくできるわけがない！」と思いながら。けれど、そんな瞬間と場所が、あなたにもある。

偉大なアスリートなら誰でもその感覚を知っている。彼らはさまざまな言葉でそれを表現する。自動操縦状態だった。波長がピッタリ合った。すべてコントロールできた。のりがよかった。はまった、など。日本の野球選手は独特の表現をする。「ムシン（無心）」という言葉だ。ざっくりと訳せば「何も考えていない状態」という意味だ。テニスのスター選手、アーサー・アッシュは「ゾーンに入る」と表現した。

「ゾーンは、運動選手ならではの体験だ」。元NFLプレーヤー、デイブ・メギージは言った。「いつも以上の力を発揮できる瞬間こそ、スポーツの見えざる魅力だ」。

それはごくまれに訪れる輝かしい瞬間だ。ウェイトリフティングの元世界チャンピオン、ロシアのユーリー・ウラソフは、トレーニングをしていない時間には詩を書いていた。〝ゾーン〟体験について詳しく書き記した言葉には、詩人である彼の心が反映されている。「勝つための途方もない努力が極限に達したとき、頭の中で血がどくどくと脈打ったかと思うと、突然、体の中が静けさで満たされる。何もかもがより鮮明に、より白く見えるようになり、まるで巨大なスポットライトが当たっているかのように見える。その瞬間、自分は世界じゅうの力を宿していて、どんなことでもできると確信する。自分には翼があるのだ、と。人生において、これほど貴重な瞬間はない。真っ白な瞬間だ。もう一度その瞬間を味わうためだけに、また何年も励む」

どんな競技のアスリートも、ときおりこのゾーンを経験する。元NBA選手のバイロン・スコットはこう言った。「自分の中の小さな声だけしか聞こえなくなる。その声はぼくがボールを触るたびに『シュートを打て』と言う。入るとわかっているからだ」

フェニックス・サンズに在籍していたチャールズ・バークレーは、ゴールデンステート・ウォリアーズとのプレーオフで、五六点決めた。第一クオーターでは一一点連続してシュートを決めた。レイアップシュート、ジャンプシュート、スリーポイントシュートを、コートのあらゆる方向から決めた。一本のミスもない。一本、また一本と決まるにつれ、ベンチにいたチームメイトも立ち上がり、笑いながら信じられないとばかりに首を振った。ジョー・クラインは腕で丸をつくり、バスケットゴールの大きさがフラフープくらいあるのではないかというジェスチャーをした。バークレーはディファンダーの頭ごしに低弾道のジャンプシュートを決めたあと、ゴール下にいたウォリアーズのチアリーダーたちのところへ行き、ニヤッと笑うとこう言った。「今夜は誰もおれを止めることはできないぜ」

故ジム・〝キャットフィッシュ〟・ハンターは、オークランド・アスレチックスでピッチャーとして偉業を成し遂げた。「完全試合のペースで九回に入っても、まったく心配していなかった」。彼はそう回想している。「夢を見ているようだったよ。現実感のないまま試合が進んでいった。完全試合のことは意識していなかった。意識していたら、きっとできなかっただろう——できなかったと思っている」

ゾーンに入っているときというのは、トレーニングモードから、自分を信頼するモードに切り替わっている。闘っている相手は自分ではない。何も怖くない。いまこの瞬間を生きている。それは特別な場所と時間だ。催眠術師でもある私は、トランス状態にある人と、パフォーマンスをしているときにゾーンに入っている人には、類似点があると思っている。タイガー・ウッズは一三歳のときに、催眠術を利用して周りのものを意識から排除し、決断力と集中力を高める方法を、スポーツ心理学者から教わったという。催眠術のスキルを使って集中力が高まっているときは、打ったことを覚えていないショットもあった。『ザ・ニューヨーク・タイムズ・マガジン』でウッズはこう語っている。「ティーショットを打つときに、『左に打ってはいけない、いや右に打ってはいけない』と思うことがあるだろう。それは自分の意識が言っている言葉だ。ぼくの体はゴルフのやり方を知っている。そのためにトレーニングをしてきた。だから、意識に邪魔をさせないことが大切だ」

ゾーンに入っているアスリートは、時間のゆがみを経験する。すべてがゆっくりと動いているように見えるのだ。最高のパフォーマンスをしたときのことを、ＮＢＡのスター選手、レジー・ミラーはこう表現している。「すべてがスローモーションで見える」。太極拳ではそれを、穴の中に落ちていく、と表現する。時が止まったように感じるのだ。

大きさや空間のゆがみを経験する人もいる。「ボールがグレープフルーツくらいの大きさに見えた」と言う人もいるし、バスケットボールのゴールが、フラフープくらいの大きさに見えたりする人もいる。

ゾーンに入っているアスリートは、すべてのものがはっきりと見える。リラックスした状態にあり、静かな心でパフォーマンスができる。決断力があり、自分への疑いはない。これから起こることを、ほぼ予期することもできる。完全に没頭している状態だ。ゴルファーのトニー・ジャクリンは、ゾーンのことを繭の中にいるようだと例えた。デーブ・ウィンフィールドはこう言っている。「ぼくは自分の世界にいる」。ペイン・スチュワートは「ゾーンに入ったとき、ぼくの目に映るのはボールとカップだけだ」と言った。

あなたは〝真っ白な瞬間〟を経験したことがあるだろうか。対戦相手のことも結果のこともいっさい気にならなくなり、いまという瞬間に生き、最高のパフォーマンスができたときのことを思い出せるだろうか。

スポーツにおける最高の瞬間だ。

ゾーンに入ろうとすればするほど、ゾーンからは遠ざかる。ゾーンはそれまでの努力と準備の賜物である。流れに乗り、その瞬間を楽しもう。

32

分析しすぎると動けなくなる

PARALYSIS BY ANALYSIS

スランプは柔らかいベッドのようなものだ。入るのは簡単だが、抜け出すのは大変だ——ジョニー・ベンチ

考えすぎると打てない——ブランチ・リッキー

数年前、カブスはリック・ウィルキンスをドラフト一位で指名した。この若いキャッチャーは、絶対に逃してはならない有望選手だと言われていた。スポーツ界でよく使われる言葉だが、彼の前には前途洋々たる未来が広がっていた。そのウィルキンスが、ミッドウェストリーグに所属するマイナーリーグのピオリア（クラスA）でプレーしていたとき、打撃不振に陥った。自分がどうやって打っていたのか、わからなくなった。「納屋の大きな横壁をオールで叩くことすらできなくなったような気分だ」。試合に負けたあと、その若者はつのる不満をそう表現した。

次の日、私はカブスからの要請で、マイナーリーグの選手と仕事をするために、イリノイ州のピオリアへ向かった。その午後、私はチームの意向を受けて、ピオリア・チーフスの選手たちに、メンタルがパフォーマンスに与える影響について話をした。選手もコーチも、とても熱心に耳を傾けてくれた。

その夜のウィルキンスは別人のようだった。一回にホームランをかっ飛ばすと、三回には二塁打を放ち、その後も犠牲フライを打った。「一日でこんなに変わるとは」。試合のあと、ウィルキンスは笑顔で言った。「ただボールをよく見て、バットが自然に回るにまかせたんだ」。翌朝の地元紙にはこんな見出しが載っていた。「カブスの精神科医、スランプの天才を救う」

私はとても嬉しく誇らしかったのだが、次の日にウィルキンスと話したとたん、そんな気持ちも吹き飛んだ。じつは彼は歯科医の予約があったために、私の講義を聞いていなかったのだ。

スポーツはジェットコースターだ。パフォーマンスは山あり谷あり。浮き沈みもあるし、回転したり曲がったりの繰り返しだ。アスリートにとって最高の一日が〝ゾーン〟を体験するときなら、最悪の日はスランプにあえいでいるときだろう――スポーツにおいては、これが自然なサイクルだ。野球ではスランプという言葉を使うが、ほかのどんな競技のアスリートにも、何をやってもうまくいかないときがある。

あるとき、アラバマ大学のフットボールチームは、テネシー大学のチームに〇対二四で負けた。この試合以降、ベア・ブライアントコーチ率いるアラバマ大学のチームは、一五〇試合連続で得点をあげることができなかった。アラバマ大学は五一本のパスを試みたが、テネシー大学に八本インターセプトされていた。ハドルを組んだとき、どんなときでもユーモアを失わないアラバマ大学のワイドレシーバーは、クオーターバックの選手に向かって、テネシー大学のラインバッカーにボールを投げてみたらどうかと提案し、こう言った。「ぼくがそれをインターセプトできるかどうかやってみるよ」

ゴルファーのイアン・ベーカーフィンチは、一九九一年の全英オープンで優勝したあと、長いスランプに陥った。「さよなら」と書いたメモも残さずに、彼の調子は去っていった。どんなアスリートでも、自分ではどうにもできずに途方にくれるときがある。

あるメジャーリーグのルーキーは打撃不振に陥ったとき、ベテランのチームメイトのところへアドバイスを求めにいった。ベテラン選手はその若者に、バットの重さを八二〇グラムに変えてはどうかと提案した。

「それでうまくいきますか?」。若者は期待するように言った。

「いや」。ベテラン選手が答えた。「だが、そのほうがダグアウトに帰るときに軽くていい」。この古いジョークが言わんとすることは、スランプを克服する理論はいくらでもあるということだ。ただ残念なことに、どれひとつとして効果がない。

スランプの存在を否定することでスランプに対処するアスリートもいる。デーブ・ヘンダーソンは二〇打席ノーヒットのあとにやっと打てたとき、こう叫んだ。「おれはスランプだったんじゃない。ヒットが出ていなかっただけだ！」。ヨギ・ベラは打てなかったときも自分を責めることはなかった。彼はバットを責めた。不振が続くときはバットを変えた。「ばかげていると思うかもしれないが」。ヨギは言った。「そうすれば泥沼にはまらずにすむ。（中略）自信をなくさずにすむんだ」

カブスの打撃コーチ、ビリー・ウィリアムズは、スランプは乗り物酔いのようなものだと言った。「スランプのことを考えていると、そういう気分になる。いつかはスランプがくると思い心配になる。すると、気づいたときにはスランプに陥っていて、調子が悪くなる」。

スランプは体の問題や物理的な不具合に原因があることもある。だが、ほとんどは考え方の問題だ。もがきはじめたアスリートは、もう一度分析を試みる。彼らが聞くのは、リッチー・ジスクが言うところの、頭の中でキャッキャと鳴くサルの声だ。彼らは考えすぎるようになる。コミック『ピーナッツ』で、ウッドストックが犬小屋の屋根にすばらしい着陸をしたことを、スヌーピーが褒める場面がある。そのあとスヌーピーは、その黄色い小鳥に向かって航空力学についての質問をしはじめる。「飛ぶとき、きみは足で地面を蹴るの？　それとも羽をはばたかせるほうが先？　羽をはばたかせて、なんというか羽に身をあずけるの？　それとも……」。次のコマになると、ウッドストックはいなくなっている。飛び立とうとして「ゴツン！」と地面に落ちたのだ。スヌーピーはこの教訓をこう表現している。「考えてしまうと、できないものなんだね」

ある元野球選手は、面白いことを言ったつもりはなかったのだろうが、自分のスランプについてこう語った。「スランプのことを考えないようにしようと頑張ったんだが、考えないでおこうと頑張るあまり、考えないではいられなくなった」

考えすぎると、たいてい頑張りすぎてしまう。「スランプに陥ると、ホームランを打ってやろうと思って打席に立つようになる」。メジャーリーグの外野手コリー・スナイダーは言う。「すると力むばかりで、なるようになると思えなくなる。ネガティブな考えばかりが頭に浮かんでくる」

少し前のことだが、あるNBAプレーヤーが、なかなかゴールを決められないといって相談しに来たことがあった。なかなか治らないケガのせいで、長距離シュートが入らなくなっていたのだ。彼のフィールドゴール・パーセンテージはガクッと下がっていた。メディアにあれこれ詮索されることも、彼にとってはプレッシャーになると同時に、フラストレーションの元にもなっていた。スランプを克服しようと、彼は練習時間を増やし、以前よりもきつい練習をしていた。そこで私は彼に、リラックスして体を休め、数日間試合のことは忘れたほうがいい、とアドバイスした。バスケットからちょっと離れたほうがいい。奥さんと子どもを連れてピクニックでも行くといい、と。自分らしさを取り戻そうとして、彼は自ら墓穴を掘っていたのだ。必要なのはシャベルを置くことだ。

何年も前のことになるが、フェニックスにあるセント・ルークス・メディカル・センターのディレクターをしていたころ、カール・キュールに出会った。当時、彼はオークランド・アスレチックスで選手育成の責任者をしていた。キュールはこれまで選手、スカウト、コーチ、監督として、ずっと野球と関わってきた人だ。彼は私に、野球はメンタルが重要なスポーツだという持論を話してくれた。これは彼が共同で執筆した書籍のタイトルにもなっている。

あるとき、キュールはひとりのメジャーリーガーに、今日のナイターでは何に集中するつもりか、と尋ねた。その選手の打率は二割二分六厘と低迷していた。

「何本かヒットを打って、打点をあげたい」。その選手は答えた。

キュールはその選手に、ヒットになるかどうか、打点をあげられるかどうかは、打った本人にはコントロールできないことだ、と言ってきかせた。キュールの言うとおりだ。結果にばかりこだわるのではなく、バッターは自分がコントロールできることだけに集中しなくてはいけない。質の高い打席にすることに集中するべきだ。では、質の高い打席とはなんだろう。リラックスした状態でボールをよく見て、打ち急がないことだ。メジャーリーグで打率二割五分のバッターと三割のバッターとのヒット数の差は、一週間でたったの一本だ。

スランプを克服する鍵は、違いを生んでいるのは何の差なのかを見極めることだ。ほとんどの場合、もっと頑張るのではなく、やりすぎないことが鍵である。

スポーツにはアップダウンがつきものだ。窮地に陥ったときの第一の鉄則を思い出そう。自分で墓穴を掘るのをやめること。基本に立ち返り、物事をシンプルにしよう。

33

パフォーマンスのパラドックス

PARADOXES OF PERFORMANCES

野球で成功したいと思ったら、人生と同じように、調整が必要だ——ケン・グリフィー・ジュニア

よくなる前には悪くなる時期も必要だ——トム・ワトソン

なぜボクシングのリングは〝リング（輪）〟というのに正方形なのだろう。なぜ野球場のファウルポールは〝ファウル（濁って汚い）〟ポールというのにきれいな色なのだろう。

そう、スポーツには矛盾やパラドックスがつきものだ。

パラドックスとは、一見、矛盾しているようでいて、じつは真実である言説のこと。スティーブ・マッキニーはスキーのダウンヒル（滑降）競技で世界記録を破ったとき、こう言った。「ぼくはスピードのなかに平静さを、恐怖のなかに平穏を見出した。そんな状態がいままでにないほど長く、静かに続いた」。パラドックスについて考えるとき、私はいつも、ある試合のことを思い出す。アフリカのザイールでモハメド・アリが、ヘビー級タイトルをかけてジョージ・フォアマンと対戦した一戦だ。相手にわざと打たせる作戦で勝つなんて、いったい誰が想像しただろう。打たれれば打たれるほど有利になるだなんて。けれど、それこそまさにアリがとった作戦だ。アリは第七ラウンドまでロープに寄りかかり、若く強力な対戦相手にボディーパンチを連続して打たせた――いや、打つようにあおった。追いつめられたふりをして相手を消耗させる、この〝ロープ・ア・ドープ〟作戦が功を奏した。第八ラウンドになり、フォアマンの腕が疲労して消耗しているのを見たアリは、守勢から一転して左右のコンビネーションを繰り出し、フォアマンをリングの床に沈めた。

アリの作戦と同じく、走高跳のバーを仰向けで飛ぶのも、一見すると矛盾しているように見える。メキシコシティー・オリンピックで、ディック・フォスベリーという選手が跳ぶ前にバーに背を向けた。このアメリカ人が金メダルをとったことから、彼の革新的な新しいテクニックはフォスベリー・フロップ【後に背面跳び】と呼ばれるようになり、それ以来、どの選手もその跳び方をするようになった。

スポーツはつねに変化している。フォワードパスがフットボールを変えた。ジャンプシュートがバスケットボールを変えた。メタルウッド（この言葉も矛盾している）がゴルフを変えた。大きなラケットがテニスを変えた。

競技も変わっていくのだから、アスリートも変わったり調整したりするのをいとわないようにならなくてはいけない。これはいつも簡単なこととはかぎらない。ちょっと試してみよう。まず、胸の前で腕を組む。いったん腕をほどいて、こんどは反対の腕が上にくるように組みかえる。すると、なんだかぎこちない感じがしないだろうか。いつもの感じとは違うだろう。先にも述べたように、競技をするときに何か必要な調整を加えると、一時的にパフォーマンスがうまくいかなくなることがある。よくなる前には悪くなることがあると心得えておかなくてはいけない。これも、これから述べるスポーツにおけるパラドックスのひとつだ。

スポーツにはバランスが必要だ。たとえば、病気の人はよくなるために薬を飲むが、薬も飲みすぎれば毒になり、命を脅かすこともある。学校では、うまくできないことがあれば、できるまで何度もやってみようと教えられる。もちろん私もアスリートに、もう一度やってみようと声をかける。あきらめるな、と。ただし、何かを変えてみるといいと伝えている。できれば、まるきり反対のことを――一八〇度違うことをしてみるといい。コーチというのはだいたい頑固で頭が固いものだ。すべてのものは白か黒のどちらかだと考えている。だが、物事は白黒には分けられない。スポーツには白の部分も黒の部分もある。東洋の陰陽を表す太極図のように。私はパフォーマーたちに、白と黒が混ざり合った部分でプレーすることと、スポーツには逆説的な性質があることを理解し、それを受け入れることが必要だと、伝えるようにしている。

さて、一〇個の逆説をみてみよう。

少ないほうが多くを得られることもある――最高の行動は行動しないこと、という場合がある。アスリートには休息も、回復する時間も必要だ。その時間がなければ疲労から調子を崩したり、燃え尽きてしまったり、ケガをしやすくなったりする。以前のセクションでヴィンス・ロンバルディのこんな言葉を引用した。「努力すればするほど、ねばり強くなる」。では、限界まで頑張らないほうがいいときもあるとは、どういうことだろう。

ある年のこと、アリゾナ・カージナルスは三試合連続して負けた。そこでコーチ陣は、練習時間を増やした。そういうコーチは多いだろう。チームが勝てないのは選手がじゅうぶんな練習をしていないからだ、と信じている。カージナルスはサンクスギビングの日にも練習をした。だが、選手たちは練習をしたくないと思っていて、頭の中では家族や七面鳥のディナーのことを考えていた。中途半端な気持ちのまま練習をしていたため、ディフェンシブバックのスター選手、ティム・マクドナルドは膝を傷め、残りのシーズンを棒に振ることになった。

ゾーンに入ろうとすればするほど、ゾーンからは遠ざかる――これは「真っ白な瞬間」のセクションでも述べた。しっかりトレーニングをしたら、あとは自然な流れにまかせてパフォーマンスをしよう。何かを無理に起こさせようとしないこと。ただ自分を信じて、自然と起こるのを待つことだ。

力まないほうが強い力を出せる――力を出そうとしてパフォーマンスをすると、力を入れすぎてしまうアスリートが多い。力みすぎると自滅することが多い。あるゴルファーのこんな言葉を思い出そう。「神よ、力まずにスイングする力をください」

コントロールしようとしすぎると、コントロールできなくなる――コントロールすることをあきらめると、コントロールできるようになる、と言い換えてもいい。ピッチャーが慎重になりすぎて投球をコントロールしようとしすぎると、狙いを定めてボールをあやつろうとしはじめ、結局、不幸な結果になることが多い。成りゆきにまかせたとき、パフォーマンスは向上する。ゴルフコースで、よくそんな場面が見られる。趣味でゴルフをやっている人がコースでさんざんな目にあうと、望みを捨てる。すると突然、一二メートルのパットが決まったり、その日の最長距離となる、まっすぐなドライバーショットが打てたりする。なぜだろうか。自分のスイングをコントロールしようとしなくなったからだ。

急がなければ速くなる――ジェイ・ノヴァチェクはこの逆説的な真実を、大学の陸上競技チームにいるときに学んだ。急がずにペースを保つ。すばやく、でもけっして急がない。以前、全米オープンの出場資格をとりたいというゴルファーと仕事をしたことがある。朝からラウンドがある日、彼は時間に余裕をもって現れるのではなく、予定よりも遅くやってきた。慌ててスタートすることになり、結局、実力を発揮することができなかった。近道はときに間違った道に通ずることがある。

失敗を恐れていると失敗しやすくなる――恐れは緊張を生み、筋肉の協調性やリズムに影響を与える。うまくいく確率が低くなる。勝ちつづけているチームは、負けてはならないという思いで頭がいっぱいになる。連勝が途絶え、トランプを積み上げていくような緊張状態から解放されると、選手たちは安堵のため息をつく。「さて」。彼らは自分に、そしてお互いに言いあう。「もう一度最初から始めよう。一試合ずつしっかり集中して勝ちにいこう」

無難にいくのは危険――あるいは、最大のリスクはリスクをとらないこと、と言い換えてもいい。フィギュアスケート選手のミシェル・クワンは、一九九八年の冬のオリンピックのフリーで無難な演技をした。いっぽう、勝ち目がないとみられていたタラ・リピンスキーは全力を出し切って難度の高い演技をし、金メダルを勝ち取った。その後、世界選手権に出場したクワンは、体が自然に動くにまかせて思い切った演技をして優勝した。一段上のレベルに上がるためには修正を繰り返していかなくてはいけないが、無難なプレーをしていると、修正をするのをいとうようになってしまう。切れの悪いカーブでも、マイナーリーグでなら一イニングに三つの三振を取ることができるかもしれないが、メジャーリーグでは格好の餌食になってしまだろう。成長するためには、古いやり方を捨てることも必要だ。

後退は前進への一歩――上達するためには、いったん後退することが必要なときもある。タイガー・ウッズはいったん後退して、自分のスイングを見直した。ウッズと彼のコーチ、ブッチ・ハーモンは、長い目で見たときに、そのほうが安定していいプレーができるようになるだろうと信じていた――そして、そのとおりになった。

結果にこだわらなくなったとき、望んだ結果が手に入る可能性が高まる――目標を達成したいと思えば思うほど、自分自身に対する期待が高まる。グレッグ・ノーマンは、どんなトーナメントよりもマスターズで優勝したいと思っている。優勝したいという思いが強すぎることが、惜しいところまでいきながら、これまで優勝できなかった最大の原因だろう、と理論づける人もいる。勝っていいのだと自分に許可を出しつつ、勝つことを考えずに、プレーとそのプロセスに集中しよう。

勝つためには「いま現在」に集中しなくてはならないが、同時に無心にならなくてはいけない――〝真っ白な瞬間〟を経験しているときのアスリートは、周りのことをまったく意識していない。彼らは繭の中にいる。一瞬一瞬を生きている。

スポーツには逆説的な性質があることを理解しよう。白と黒の混ざり合ったところでプレーすることを学ぼう。上達する前には、いったん後退することも必要だ。

34

つねに安定したパフォーマンスを

CHOICE NOT CHANCE

大事なのはやりつづけることだ。何度も何度もやらなくてはならない——ハンク・アーロン

ゴルフで最も重要で最も難しい技術は〝調子が悪いときでもうまくプレーすること〟だ。偉大なゴルファーはそれに長けている——ジャック・ニクラウス

三球続けてボールがカップにきらわれたり、ダブルボギーをたたいたりしたときは、グリーンから下りるときによくこう訊かれる（このときの私は、信じられないというように首を振りつつ、血圧が急上昇している）。グループのひとりが私のほうを向いて、冗談めかして言うのだ。「ゲーリー、きみの仕事は何だったかな？」

他人の目が気になってしまうこんなときは、プロ選手のコンサルタントを行っているスポーツ心理学者だと認めるのが心苦しくなる。相手はこう思っているにちがいない。本当にこいつがスポーツ選手のカウンセリングをして稼いでいるのか、と。私のプレーがよくなければ、そんな疑問をもたれてしまう。だから、私は笑顔を顔に貼りつけてこう言うことにしている。「自分で自分のカウンセリングはうまくできないんだよ」

ゴルフをやっていていつも面白いと思うのは――そしてイライラするのは――その日の自分のパフォーマンスがまったく予測できないことだ。七五で回れるときもある。これは私にとってはいいスコアだ。でも、次の日に同じコースを同じクラブで回っても、八五もたたいてしまうことがある。

今日はどっちのプレーヤーだろう。ジキル氏だろうかハイド氏だろうか。ゴルフ仲間のボブは、うまく行かない日は笑ってこう言う。「今日は双子の出来の悪いほうが出てきたようだ」

スポーツ心理学では、主にふたつのタイプのアスリートに対してカウンセリングを行う。まず、練習ではうまくできるのに、本番になると自己意識が高くなったり不安になりすぎたりして、うまくいかないタイプ。もう一方は、才能があるのに一貫していいパフォーマンスができないタイプだ。つねに安定したパフォーマンスができるかどうかが、いいアスリートと偉大なアスリートの違いだ。トップアスリートがつねに勝つことができるのは、思考、行動、練習に一貫性があるからだ。

一貫性は決定的な資質だ。「どんな仕事であれ、つねに変わらないパフォーマンスができることが一流の証明だ」。こう話すのはワールドチャンピオンに輝いたニューヨーク・ヤンキースの監督、ジョー・トーリだ。「たった一度何かすばらしいことをするよりも、はるかに大切だ。だからつねに自分の仕事をしなくてはいけない。そうすれば実力を認めてもらえる」

クリス・エバートがチャンピオンになれたのはなぜだろう。「父の指導と、トレーニングと、変わらぬ応援のおかげで道が開けた」。偉大な元テニスプレーヤーは語る。「でも、それだけではない。長いあいだ一貫して頑張ってきたからだ。私は過去を振り返らないし、負けてもそれを引きずらない。いつも前だけを見ている」

トップアスリートとは、どんなときでも高いレベルのパフォーマンスができる人だ。気分がすぐれないときや、調子が悪いときでも。ジャック・ニクラウスが言っていたように、それが〝調子が悪いときでもうまくプレーする〟技術だ。

クローザーのデニス・エカーズリーは、いつも調子がいいわけではなかった。調子が悪いときは、メンタル面でちょっとしたトリックを使っていた。「調子がいいふりをするんだ」。エカーズリーは言う。「ピッチングの調子が悪いと口にしてはいけない。ボディーランゲージってものがあるだろう。ぼくはそれを信じている。調子が悪くても、自分が抑えてやるという気持ちを体で示すんだ。投球自体をごまかすことはできないし、そういう意味で言ってるんじゃない。だが、調整はばっちりできているという印象を与えなくてはいけない」

制汗剤のテレビコマーシャルのようなものだ——汗をかいているところを相手に見せてはなら

ない。アルバート・ベルは、ピッチャーが自信をもっているか、気分がすぐれないかは、歩き方ひとつでわかるという。思考や感情はボディーランゲージにとてもよく表れるものだ。コミック『ピーナッツ』で、チャーリー・ブラウンがうつむいて自分の靴を見ている場面がある。「これはぼくが落ちこんでいるときのポーズだよ」。彼はルーシーにそう言う。次のコマで、チャーリー・ブラウンは肩を引いて、あごをグッと上げている。「こんなときは背筋を伸ばして頭を上げるもんじゃないね。気分がよくなってきちゃうから」。最後のコマでは嘆き悲しんでいるポーズをとってこう言う。「落ちこんでいる時間を楽しみたいなら、こんなふうに立たなきゃ」

ジョー・ディマジオはこう言っている。「最悪な気分のときこそ、きついランニングをするべきだ。自分の調子が悪いことを周りに悟らせてはいけない」

テニスの試合中、クリス・エバートは自分の内面を奮い立たせていた。自信が揺らいだり、冷静さを失いそうになったりしても、彼女はそれをけっして表に出さないようにしていた。「一ポイントとられただけで感情的になっていたら、立て続けに三ポイントも四ポイントもとられてしまう」

どんなアスリートでも調子の悪い日はある。アーノルド・パーマーはこう言っている。「自分の外側でうまくいかないことがあっても、自分の内側は平静さを保つのがコツだ」。サム・スニードは、いつでも変わらないラウンドをするためには、自分の内面とコースで起こることとのあいだに距離をとることが大切だと考えていた。無頓着でいろということではなく、切り離して考えろということだ。ジム・コルバートもスニードと同じようなことを言っている。「ゴルフコースで起こったことに対するぼくのリアクションは、何もリアクションをしないことだ」。コルバートは言う。「バーディーもボギーもない。イーグルもダブルボギーもない。ただ数字が並んでいるだけだ。そう思えば、うまくいく」

ベン・クレンショーは、ゴルフではボールの位置をあるがままに受け入れろ、と言う。「悪いショットを打っても挽回すればいい」。ひどいドライバーショットを打ったあと、木の間から奇跡的なリカバリーショットを打って、グリーンに乗せた経験があるだろうか。うまくいったときでも驚いた顔を見せてはいけないし、苦しんでいるときでも、それを周りに知られてはいけない。

戦士のようなメンタルを持ちつづけることだ。精神的に参っていても堂々と振る舞い、自信たっぷりに歩くこと。どんな考え方をするかで行動が変わるし、どんな行動をするかで考え方も変わる。心の姿勢がつねに重要だ。三〇〇〇本安打を達成したデーブ・ウィンフィールドは、思考が感情に影響を与え、感情がパフォーマンスに影響を与えることを知っていた。「試合に行く前に、今日は楽しくて気分がよくなりそうだぞ、と自分に向かって言わなくてはならないときもある」。ウィンフィールドはそう語っていた。「うまくいったから楽しいと思うのが普通だが、ぼくはうまくやる前に、楽しい気分になるように心がけている。そうすればうまくいく」

つねに安定したパフォーマンスをするためには、つねに準備を怠らないこと。なりたい自分を思い浮かべて振る舞っていれば、その振る舞いどおりの自分になれる。

35

内面を磨く

INNER EXCELLENCE

どんな分野であろうと、卓越しようという気持ちが強いほど、人生の質も高まる——ヴィンス・ロンバルディ

長い長い選手生活をへて、やっとわかった。ここまでやってこれたのは、野球に対する愛があったからだ

——王貞治

プロのバスケットボール選手になって間もないころ、シャキール・オニールはユニバーシアードに出場するため、全米代表の仲間とともにギリシャのアテネに赴いた。ある記者が、身長二一五センチのこのセンターポジションの選手に、滞在中にパルテノン神殿を見にいく予定はあるか、と尋ねた。

「いや」。オニールは答えた。「まだ全部のチームを見ていないからね」

このとき以来、世界はこの青年がアスリートとしても人間としても成熟していく様子を見てきた。オニールが急成長したのは彼が二八歳のとき、プロになって八年目のことだ。このシーズンに彼は得点王となったほか、リバウンドで二位、シュートブロックでも三位の成績を残し、ロサンゼルス・レイカーズをリーグの最多勝利記録である六七勝一五敗に導いた。チームはNBAチャンピオンに輝いた。

そのシーズンのさなか、オニールは前年の夏に伯父とともに訪れたモンタナ州をボートで巡ろうと考えた。オニールは新しいコーチのフィル・ジャクソンが、その川の近くに別荘を所有していることを知っていて、旅行中にその別荘を見つけた。すると、波止場に面している窓の向こう側に、ジャクソンがシカゴ・ブルズにいたときに獲得したチャンピオン・トロフィーが飾ってあるのが見えた。「金のボールをかたどったトロフィーが六つあった」。オニールはそう回想する。それが太陽の光で輝いていたという。「目がくらんだよ」。そのトロフィーの輝きが彼の目を覚ました。

オニール自身が光り輝くトロフィーを手にし、一九九九～二〇〇〇年シーズンのNBA最優秀選手賞に輝いたとき、圧倒的な力を見せつけた彼は、自分のことを〝ビッグ・アリストテレス〟と呼んでくれと言った。彼はこう語っている。「『たった一度できただけでは卓越したとはいえず、習慣になってはじめて卓越したといえる』と言ったのがアリストテレスだ。繰り返しやることで自分のものになる」

この本を読んでいる人の全員が、ここで挙げている人物のように世界クラスのアスリートになるわけではないのはわかっている。けれども、私たちは誰もがＭＶＰ――Most Valuable Person（最も価値のある人間）にはなれるはずだ。

ＭＶＰになるには特別な才能や、教育や、財産は必要ない。内面を磨けば誰でもＭＶＰになることができる。インナー・エクセレンス（内面の卓越性）とは、考え方のことであり、行動の仕方である。どんなに難しい局面にあっても、自分の思考と感情と行動に責任をもち、その責任をとる覚悟があるという心のもち方、メンタリティーのことだ。インナー・エクセレンスをもっている人は、ネガティブな状況でもポジティブでいるし、楽観的な方法で逆境に対処する。自分の仕事に愛情と喜びを見出し、一貫して自分の目標、価値、夢に取り組む。カッとなる場面でも冷静でいる。

インナー・エクセレンスをもっている人は、勝負の場を挑戦の場ととらえる。そして、失敗するのではないかという恐れではなく、成功したいという欲望に突き動かされる。無条件の、高い自己肯定感と自己イメージをもっている。やればできるという姿勢をもち、勝つための準備をする意志がある。努力すればするほど、ねばり強くなると信じている。けっしてあきらめることはないし、誰かを責めることもないし、さらに上のレベルに行くために、どんな些細なことも見逃さない。トラブルがあれば引き返すだけの分別をもち、優しく、公平で、正直でいられるだけの強さをもっている。

インナー・エクセレンスは、勝ち負けを超えたところにある。審判や、対戦相手や、残り時間を示すスコアボードの時計によって乱されることはない。西洋は外部志向の社会だ。外の世界に自分の存在意義を見出したり、ヒーローを見出したり、成功の指標を求めたりする。自分の内部でしか見つけられないものを、外の世界に見出そうとしてしまう。MVPは自分の内面を磨く。内面が外面に表れることを知っているからだ。

では、インナー・エクセレンスとは何か、その一〇の要素を見てみよう。

内面の勝者は夢をもっている——未来は夢をもつことのすばらしさを信じている人のものだ、とエレノア・ルーズベルト【第三二代大統領フランクリン・ルーズベルトの妻】は言った。ドワイト・スミスが、シカゴ・カブスでプレーする自分の姿を鮮明にイメージしていた話を覚えているだろうか。想像とは、これからの人生で起こるであろう魅力的な出来事の予告編のようなもの。夢を追い求めよう。目標を設定して、その夢を行動に移そう。

全力で取り組む——MVPは自らの目標の達成に全力で取り組む。目的意識をもって日々をおくる。星に願いをかけていた子どものころのテッド・ウィリアムズがそうだ。いつの日か野球界で最高のバッターだと言われるようになりたいという果てしない夢をかなえるために、彼は全身全霊で努力した。「トレーニングは最初から最後まで嫌だった」。モハメド・アリは言った。「でも、自分に向かってこう言ったんだ。『やめちゃだめだ。いま頑張れば、チャンピオンとして残りの人生をおくれる』」。アリと三度の長い試合を戦ったジョー・フレージャーはこう言った。「試合の計画も人生の計画も立てることはできるが、いったん事が始まったら、ときには計画どおりにいかず、反射神経――トレーニングで培ったもの――に頼るしかないときもある。そんなときこそ、日頃のロードワークの成果が出る。夜明け前のロードワークをサボっていたら、そのツケがまわってくる」

責任をとる――インナー・エクセレンスを獲得した人は、状況に応じた対応ができる。自分ができないことにとらわれすぎて、自分ができることを台無しにすることはない。ゴルファーのノタ・ビゲイのように、自分と自分の行動の責任をとる。私がNFLのカージナルスの職を失った件については、後日談がある。ヘッドコーチのバディ・ライアンがわずか二シーズンで解雇されたあと、カージナルスはまた私を雇いたいと言ってきた。私が怒りと失望を飲みこんでいなかったら――取り返しのつかないことをしてしまっていたら――私がチームに戻ることはなかっただろう。

学んで成長することをいとわない――MVPは弱点を強みに変える。映画『ミスター・ベースボール』の中に出てくる日本の言葉「カイゼン（改善）」を覚えているだろうか。これは日々改良を繰り返すという意味だ。スポーツの逆説的な面を理解してプレーすることを学ぼう。時が私たちを老けさせるのではない。成長しないことが私たちを老けさせるのだ。

楽観的でいる――自分が思い描いているようなヒーローになるには、ポジティブな思考をすることが大切だ。クリス・チャンドラーはフットボールをやめることもできただろうが、自分の信念をけっして失わなかった。楽観的な気質があったからこそ、アンドレ・アガシは一九九九年にワールドランキングの下位からトップに上がることができた。「調子がいいときではなく悪いときに、より多くのことを学んできた」。アガシは言った。「それがぼくという人間だ」

自分を信じている――セルフイメージを上回るパフォーマンスができる人はいない。タイガー・ウッズのようにインナー・エクセレンスをもっているアスリートは、自分と自分の能力を信じている。彼らは自信がないときでも自分を信じてプレーする方法を知っている。自分で自分の責任をとると決めたときは、あなたの自己肯定感を奪う権利は誰にもないと知っておくことが大切だ。成長して自分のポテンシャルを高める勇気をもとう。

感情のコントロールができる――プロのアスリートにライフスキルを指導するときは、批判的にならないように気をつけている。相手を非難するのではなく、質問するようにしている。「きみはそれが適切だったと思っているかい？　そういう考えはきみの役に立つだろうか？　それは本当に成熟した人間のすることだろうか?」

逆境を生かす――MVPは障害をチャンスだととらえ、挫折は再起するための踏みきり板だと考える。MVPは石につまずいても、その石が足がかりになると考える。「頭を上げろ」。ポール・〝ベア〟・ブライアントは大学の選手たちに語りかけた。「チャンピオンのように振る舞うんだ」

一本筋が通っている――彼らはすばらしいスポーツマンシップをもっている。ジョー・パターノは言う。「名誉なき成功は、調味料抜きの料理のようなもの。空腹を満たしてくれるかもしれないが、おいしくはない」。元コーチのジーン・ストーリングスは、正しいことは迷わずやれ、と語った。ありふれた言葉だが、それは真実だ。人を元気づけよう。人を落ち込ませるようなことはやめよう。言動を一致させよう。自分の主義を守って生きよう。何かのために立ち上がることをしない人は、何に対しても夢中になれない。道の真ん中でボーっとしていたら、車にひかれる確率は倍になる。

不屈で辛抱強い――夢をあきらめてはいけない。他人の意見に屈してはいけない。あなたの闘志をかきたててくれるような人と一緒にいるようにして、あなたのやる気をそぐような人とはいないようにしよう。調子がいいときには感謝し、調子が悪いときにも感謝しよう。

内面を磨けば、それが外面に表れる。自分のまわりでどんなことが起ころうと、内面にとってはたいした問題ではない。

36

ヒーローは自分の中にいる

THE HERO WITHIN

窮地に陥ったとき、頼れるのはたったひとり、自分だけだ。自分の内面が助けてくれる――パット・ライリー

大事なのは体の大きさじゃない。心の大きさだ――イベンダー・ホリフィールド

一九九八年、ＷＮＢＡ【アメリカの女子プロバスケットボールリーグ】の優勝決定戦が行われた日のことだ。私は対ヒューストン戦を控えたフェニックス・マーキュリーのロッカールームを訪れた。結局チームは一ゴール差でタイトルを逃してしまうことになるのだが、このとき、ロッカールームにある黒板には、ラルフ・ワルド・エマーソンの言葉が書かれていた。「ヒーローとは、普通の人よりも勇敢な人ではない。ただ、勇敢でいる時間が五分長いだけだ」

スポーツは、たんに運動能力を競うだけのものではない。古代ギリシャ人も知っていたように、スポーツは勇気を試すものでもある。「勇気」とはラテン語で「心」を意味する。ヒーローは、私たちの心の中にいる。

スポーツという華やかなタペストリーは、ヒーローという糸で紡がれる。一心にプレーすることで、人は逆境を乗り越え、予想を覆し、自分を新しいレベルへと引き上げていく。まるでおとぎ話のようなエピソードが生まれることもあって、シンデレラ・ストーリーと呼ばれたりする。たとえばカート・ワーナーは、一九九五年当時、アイオワ州で食料品の袋詰めをする仕事を時給五・五ドルでやっていた。その五年後、彼はNFLの最優秀選手賞を獲得し、チームをスーパーボウルへと導いた。袋詰めの仕事から豊かな生活へと登りつめた彼の話は、とても元気づけられるものだ。それと同じように人を元気づけてくれる歌を、私はいつもトレーニング・セッションの最後に歌うことにしている。マライア・キャリーの『ヒーロー』だ。

『奇跡のルーキー』（ハヤカワ文庫、一九八四年）の著者バーナード・マラムード【マラマッド】は、ヒーローがいなければ、目指すものがわからなくなる、と述べている。ワーナーはスーパーボウルの最優秀選手に選ばれたあと、こう述べた。「自分が誰かに希望を与えられる存在であるなら、光栄なことだ」

勝敗をともなうスポーツは、私たちから最高の力を引き出してくれる。思い切ってプレーすることで、自信のなさや恐怖心を乗り越えられるようになる。自分自身の光を輝かせられるようになる。落胆するのではなく勇気を奮い立たせ、ありあまるポテンシャルを活用できるようになる。

振り返ってみよう。自分がヒーローだったときのことを覚えているだろうか。思いもよらない熱情、勇気、大胆さが湧きあがってきたときのことを。

私はサド・ベル博士が言った言葉が気に入っている。ベル博士はサウスカロライナ大学のメディカルスクールの学長で、スプリントの四〇歳以上の部で世界一になったこともある。「努力を惜しまず、自分にはできると信じてさえいれば、どんな障害も乗り越えられる」。彼は言った。「普通の人が普通でないことを成し遂げられるのだと、すべての人に知ってもらいたい」

ヒーローに決まった型はない。体の大きさも、体型も、年齢も、職業もさまざまだ。私は仕事で落ちこんでいたとき、事故で片足を失った、かつての有望なオリンピック選手のインタビューをテレビで観た。嘆き悲しんだあと、彼女は世界一の片足のスキーヤーになると決意したという。それを見た私は、自分を憐れむ気持ちも吹き飛んだ。

ジーン・ドリスコルは、ボストンマラソンの車いすの部で六回も優勝した選手だ。著書『ア・ヒーロー・イン・エブリ・ハート(A Hero in Every Heart)』の中で彼は、クリントン大統領に誘われて〝ジョギング〟をしたときのことを書いている。「大統領は、私の腕は全米でいちばん素敵だと言ってくれた」。ドリスコルは言う。「サインをお願いしたときには、『全米一、素敵な腕をもつジーンへ』と書いてくれた」。成功する人というのは、そういう星のもとに生まれてきたのだという人もいる。でも私は、チャンピオンとは馬から一二回落ちても、一二回馬の背中によじ登る人なのだと言いたい。成功する人は、けっしてあきらめない」

ほとんどのヒーローは夜のニュース番組には出てこないし、新聞のスポーツ欄に載ることもない。エルウッド・ウェアのような気骨のある人の話を、世間の人が聞くことはない。ある日、この七〇歳の農夫は高い木の上から落ちてしまった。四時間後に息子が彼を見つけたとき、ウェアは意識を失っていた。片足と肋骨が五本、折れていた。それからの六カ月間は、松葉杖をついて生活しなくてはならなかった。だが、何歳だろうが、足をひきずっていようが、まったく関係なかった。彼はテキサス州で開かれたシニアのスポーツ大会で円盤投げに出場し、銀メダルを獲得した。「大事なのは勝ったことじゃない」。七〇歳の彼は自慢げに言った。「挑戦したということだ」

元教師のシス・ウォーンキは、六二歳を超えてからランニングを始めた。ニューメキシコ州ラスクルーセス出身のこの老婦人は、七八歳でアリゾナ・シニア・オリンピックに出場したのだが、そのときに身につけていたスニーカーと帽子には、彼女の心意気を示したユーモアあふれる言葉が書かれていた。「負けないぞ。子どもが困るくらい長生きしてやる」。彼女は四四〇メートル走、八八〇メートル走、一五〇〇メートル走に出場した。

ポール・ウェストファルはＮＢＡのコーチになる前、サウスウェスタン大学で仕事をしていた。フェニックスにある小さな聖書学校だ。この学校にはジムがない。ウェストファルは就職する際の面接で、この学校にバスケット選手はいないのか、と学長に尋ねた。すると学長は笑顔で、さっき通ってきたロビーにいたでしょう、と答えた。「てっきりテニスチームの選手たちだと思っていた」。ウェストファルは回想する。「身長一八〇センチくらいの白人男性ばかりだったから」。ティム・ファルツという控えの選手も、それくらいの体格の白人男性だった。

ファルツがベンチメンバーに選ばれたのには、ふたつの理由があった。まず、ウェストファルは努力している選手をメンバーから外さなかったこと。ファルツは誰よりも努力していた。それから、チームには移動手段が必要だったこと。ファルツは車を持っていた――オンボロだったけれど。

サウスウェスタン大学は、アリゾナ大学との再試合にもつれこんだ。この試合に勝てば全国大会に進める。試合の終盤、サウスウェスタン大学の先発メンバーのふたりがファウルで退場となった。残り時間四〇秒のところで、ウェストファルはファルツを投入するしかなくなった。

予想したとおり、相手チームは経験が豊富ではないこの控え選手にファウルをしかけてきて、フリースローとなった。ファルツはフリースローを二本、失敗した。その後またファウルを受け、また二本、失敗した。残り一〇秒となったとき、サウスウェスタン大学のポイントガードがスリーポイントシュートを放とうとした。このとき、またファウルを受けたのは誰だっただろうか。

フリースローラインに立ったファルツの心臓はバクバクいっていた。一投目、決まった。そして二投目、シュッ。その夜、選手とファンがファルツの名前を連呼するなか、チームの面々はおよそヒーローらしからぬこの選手を、肩にかついでコートから連れ出した。牧師の息子だったこの若い選手は、のちにザイールで宣教師となった。新しい教会に屋根をつけているとき、彼は一〇メートルの高さのところから落ちて亡くなった。ティム・ファルツの心臓は移植され、いまはアフリカ人の胸の中で鼓動を打っている。

スポーツ界ではたくさんのヒーローが生まれる。毎日の生活のなかでもそうだ。成長して自分のポテンシャルを最大限に発揮するには、勇気が必要だ。

37

いい試合をする

THE WELL-PLAYED GAME

スポーツにはさまざまな力がある。スポーツは私に自信と、自己肯定感と、規律と、モチベーションを与えてくれた——ミア・ハム

成功する選手は勝ちたいと考える。いかれた選手はどんな犠牲を払ってでも勝ちたいと考える——ナンシー・ロペス

ダラス・カウボーイズの元コーチ、トム・ランドリーは、スポーツとは偉大な教師である、と言った。私も心の底から同意する。スポーツの世界は教室でもあり、実験室でもある。私たちは幼いころから勝負の場をとおして、トレーニング、実践、自律心の大切さとともに、フェアプレーの精神を学ぶ。スポーツは忍耐を教えてくれる。逆境にどう対処すればいいか教えてくれる。チームで一致団結することを教えてくれる。リーダーシップをとること、尊敬の念を忘れないこと、勇気をもつことも教えてくれる。

生活の中で、スポーツほどはっきりしたものはない。スポーツにはスコアボードがあり、時間制限があり、ルールがあり、公平な勝負の場がある。ジャッキー・ロビンソンが黒人初のメジャーリーガーになったとき、元球団経営者のブランチ・リッキーは、この将来のスター選手に、野球のスコアは民主的であることを思い出させた。体の大きさがどれくらいであろうと、どんな宗教を信じていようと、どんな人種であろうと、家族が選挙でどの政党に投票しようと、スコアにはいっさい関係ない。「スコアはその日、きみがどんな野球選手だったのかを示すだけだ」

ランナーのジョージ・シーハンは、スポーツを劇場にたとえた。「罪人が聖人になり、平凡な人が非凡なヒーローになれる場所だ。（中略）とにかくスポーツは最高の経験をさせてくれる。自分の潜在能力に見合った者になれたとき、世界と完全にひとつになれたと感じ、すべての葛藤を乗り越えられる」

娯楽としてスポーツをやるなら、全力を出して楽しめればそれでいい。ただ残念なことに、コーチ、親、そして若きアスリートたち（彼らは大人からのシグナルを受け取っている）は、競技をする目的を忘れていることが多い。ビジネスであるプロスポーツを見て――勝ち負けが金銭につながる世界――大局的な視点を失ってしまっている。ユースチームのコーチたちは、子どもに向かって怒鳴ったり、怒って地面を蹴り上げたりして、メジャーリーグの監督と同じような行動をとる。リトルリーグの成績に生活がかかっているかのように振る舞う。このレベルの選手たちにとって最も大切なことを見失っているのだ。それは、成功とは勝ち負けによって測られるものではなく、若い選手ひとりひとりの成長と発展によって測られるもの、ということだ。

ダラス・カウボーイズの元クオーターバック、ロジャー・ストーバックはこう言っている。「若者向けのスポーツチームで成功しているといえるのは、勝とうが負けようが、リーグの首位にいようが最下位にいようが、チームが全力を尽くしたことを褒めてくれるコーチがいるチームだけだ」

だが、そんなコーチがどれくらいいるだろうか。コーチや両親の振る舞いを見ていると、大人と一〇歳の子どものどちらがより成熟した人間なのか、と首を傾げざるをえない。

ノーラン・ライアンの故郷であるテキサス州のアルバンでは、こんなことがあった。ポニーリーグ（一三、四歳の子どものリーグ）でアシスタントコーチをしていたひとりの警官が、一塁でのきわどい判定をめぐって審判と口論になり、退場を言いわたされた。その警官は家に帰って制服に着替えると、球場に戻ってその試合が終わるのを待った。試合が終わって審判が車に戻ると、その警官は審判を制止し、ウィンカーを出さなかったとして違反切符を切った。この愚かしい振る舞いによってその警官は降格となり、六カ月間の保護観察処分となった。その審判はのちにこう述べている。「野球の試合をめぐる、じつに子どもじみた行いだった」

この警官兼コーチは、昨年の夏に日本で行われた親善試合にぜひ参加するべきだった。アジアでは競技に対する礼儀が重視されている。高校生の選手たちは審判に向かって礼をする。グラウンドにも一礼をする。神聖な時間と場所だからだ。最近の子どもたちは「自分に失礼な態度をとらないでほしい」と言う。もし野球をはじめとするさまざまなスポーツに口があったとしたら、きっと同じことを言うだろう。悲しいことに、私たちは礼儀正しさやスポーツマンシップから遠ざかってしまった。

フロリダ州の五つのカウンティで五〇〇〇人の大人を対象に行われた調査では、八二パーセントの人が、子どものスポーツに親が熱心になりすぎている、と回答した。ノースカロライナ州では、ひとりのサッカー選手の母親が、試合後に一〇代の審判を叩いたとして告発された。クリーブランドでは、息子が体の大きな選手にいじめられたと主張する父親が、サッカーのグラウンドで一五歳の少年を殴った。マサチューセッツでは、一〇歳のホッケー選手の父親ふたりが試合中に殴り合いとなり、一方の父親が頭をケガして亡くなった。フロリダ州のジュピターでは、大人たちが勝ち負けにこだわらないようになるための講座を受けるよう、選手団体が求めた。この講座では、スポーツをしている子どもの親の役割と責任について、一九分間のビデオを見るよう指示される。また、スポーツの試合では行儀よくしていなくてはならないという倫理規定にもサインしなくてはならない。

アメリカ人は勝つことにばかりこだわりすぎている。私たちの社会では、勝たない者は脱落者だ。ファンは容赦ない。兄弟愛の町フィラデルフィアのファンは強烈で、地元のチームがさえない成績を残して遠征から帰ってくるときは、空港へ行ってブーイングをするという。

お気に入りのチームが勝てば元気が出る。食べ物もおいしく感じられる。テレビアナウンサーのジョン・マッデンがいい表現をしていた。「勝利は強力な脱臭剤だ」。アリゾナ州立大学（ASU）の大学院に通っていたころ、社会心理学の学生がある調査をしたことがある。フットボールの試合があった翌日、ASUのロゴが入った帽子、トレーナー、ジャージなどを着ている学生がどれくらいいるかを調べたのだ。それによると、負けた翌日よりも、勝った翌日のほうが、三〇～四〇パーセントほど、スクールカラーを身につけたファンが多かったという。これはBIRGシンドローム（栄光浴）というものだ【高い評価を受けている人と自分を関連づけることによって、自己評価を高めようとすること】。

勝つとはどういうことか、私たちはもう一度定義しなおさなくてはいけない。ヴィンス・ロンバルディはこう言った。「勝つことがすべてではない。勝つための努力がすべてだ」。順位や地位や評判がどうであれ、自分の実力が発揮できたと思いながら試合会場をあとにする者こそが勝者だ。

「フィニッシュラインを最初に越えて勝者になったとしても、それは人生のほんの一面での勝利にすぎない」。陸上の元オリンピック金メダリスト、ラルフ・ボストンは語った。「本当に大事なのは、フィニッシュラインを越えたあとに何をするかだ」

私たちはまた、プロスポーツからの複雑なメッセージを正しく受け取らなくてはいけない。N

HLは、暴力を容認するわけではないが、氷の上で相手選手にしかける攻撃は、もし普通の道で行われたら犯罪になるような行為だ、と述べている。NFLは、アリゾナ・カージナルスの元セーフティ、チャック・セシルが、ワシントン・レッドスキンズに対して、ヘルメットを使った〝目に余るほどの不必要な蛮行〟を二度もしたとして、三万ドルの罰金を科した。それでも、NFLフィルムズは、シーズンごとに選手同士がぶつかり合う場面を集めた映像を編集し、それに音楽をつけたりしている。暴力が美化されているのだ。

あなたにとって、いい試合とはどんなものだろう。試合のなかでなら相手に見つからなければ不正をしたことにはならないと思っていないだろうか。スポーツに対するあなたの哲学によって、どんな試合になるかが変わる。

懸命にプレーしよう。ずるいプレーはやめよう。フェアプレーをしよう。全力を尽くそう。

38

試合の日のメンタリティー

GAME DAY

マウンドにいるときのぼくは、いつもとはまったく違う人間になる――ノーラン・ライアン

試合の日は友人に電話をかけることすらしない。集中力がとぎれてしまうのが怖い――クリス・エバート

日差しが降り注ぐ晩春のある午後のこと、五時間後に試合を控えたアナハイム・スタジアムの一塁側スタンドに、男がひとりポツンとすわっていた。私は手入れの行き届いたライト付近の芝生を横切ってその男のほうへ歩きながら、なんと静かで平和なのだろう、と考えていた。前回ここを訪れたときとは大違いだ。その日、NFLのアリゾナ・カージナルスはロサンゼルスに本拠を移したラムズと試合をしていた【アナハイム・スタジアムは一時期、野球とアメフト兼用のスタジアムだった】。記憶によく残っているその日曜の午後は、観客のどよめきがアリーナじゅうにあふれかえっていた。サイドラインに立っていると、選手たちのうなり声や、ショルダーパッドが激しくぶつかり合う音が聞こえた。目の下に黒いペイントをしたカージナルスのスペシャルチームのメンバー、ロン・ウルフリーは、狂気じみた様子でフィールドから出ると「審判のことなんか忘れろ！」と叫んだ。「ここは弱肉強食の世界だ！」

それから数カ月がすぎた今日、私はフィールドを横切ってスタジアムの階段を登っていった。ユニフォームのTシャツとパンツを身につけた男は、私に向かって横にすわれ、と身ぶりで示した。そこにいたのはジム・ラフィーバー、シアトル・マリナーズの監督だ。彼は黙ってそこにすわり、周囲を見わたしていた――暖かな日差し、完璧なダイヤモンド型の内野、そして穏やかな空間。「マック、ここはとても静かだ」。ラフィーバーが言った。「教会や寺院のようじゃないか」

私はそこにすわっているあいだ、映画『さよならゲーム』の中でアニー・サヴォイが口にした言葉を思い出していた。「私は野球という教会を信じている」。アニーは言った。「私はこれまで主な宗教はすべて試してきたし、マイナーな宗教も数多く試してみた――ブッダも、アラーも、ブラフマーも、ヴィシュヌ神も、シヴァ神も、木の精も、キノコの精も、イザドラ・ダンカンも、私は崇拝している。いろいろなことも知っている。たとえば、カトリックのロザリオには一〇八個のビーズがついていることも。それから、野球のボールには一〇八個の縫い目があることも。（中略）それらをすべて試したけれど、寝ても覚めても私の魂に訴えかけてきたのは、野球という教会だった」

ラフィーバーはフィールドをじっと見つめていた。それから誰もいないスタンド席を見わたした。「ここにはリズムがある。心臓の鼓動のようなリズムだ。ドクン、ドクン」。鼓動に合わせて、監督は右手を閉じたり開いたりする。「あと四五分で、うちの選手たちがバッティング練習にやってくる。そのあと、売り子たちがやってくる。ドクン。ドクン。その次にやってくるのがファン。そのあと相手チームがやってきて、向こうのダグアウトに入る。ドクン、ドクン、ドクン、ドクン！」。ラフィーバーが手を開いたり閉じたりするリズムは、だんだん速くなっていく。「それから照明がついて、審判がフィールドに出てきて、国歌が流れる」。ラフィーバーは自分の鼓動を感じるのと同じくらいはっきりと、心の目でその様子を見て、感じている。野球の試合を、いま行われているかのように生々しく思い浮かべている。

スポーツは生死にかかわるものではないが、死をともなわない戦争、と呼ばれることもある。試合の日には心臓の鼓動が速くなり、戦いの場に挑むアスリートたちは〝試合用の顔〟を身につける。私はそんな様子を、さまざまなスポーツで見てきた。ジキル氏からハイド氏に変わるくらいの変容をみせるアスリートもいた。温厚なサッカー選手、ミア・ハムも、試合の日は〝戦士のメンタリティー〟になる、と語っている。

ハンク・アーロンは、戦う準備がどれくらいできるかが鍵だ、と語った。戦いに備える方法は選手によって違う。私がこれまでに出会ったなかで最高のアスリートであるボー・ジャクソンは、柔らかな話し方をする人物だ。私はフェニックスにいるとき、ＮＦＬの試合でケガをして、臀部のリハビリ中だった彼と仕事をしたことがある。ジャクソンは、自分にはジェイソンという別人格がいる、と語っていた。ジェイソンというのはホラー映画『13日の金曜日』に出てくる不滅の殺人鬼だ。「あいつが出てこないように気をつけているんだ」。ジャクソンは言う。「秋の日曜日以外はね。ぼくがヘルメットをかぶってフットボールをする日曜日だけは、あいつを呼び出す」

デトロイト・ライオンズのスター選手、アレックス・カラスは、試合の日には自分をいつもより大きく見せるようにしていた。伝説上の巨人の木こり、ポール・バニヤンになるのだという。「朝、ホテルの部屋で目覚めたら、自分にこう言うんだ」。カラスは言う。「『ポール、今日の午後は試合を楽しもう。相手を叩きのめしてやろうじゃないか』ってね。そうすると気持ちが奮い立ってくるんだ」

アリゾナ・カージナルスの元監督、ラリー・ウィルソンは、物静かで穏やかな語り口の人だ。彼の物腰を見ていたら、彼がプロのフットボール選手のなかでも史上最強のハードヒッターのひとりだとは、誰も思わないだろう。プロフットボールの殿堂入りをしているウィルソンは、ディフェンス戦術のセーフティブリッツを生み出した人物だ。あるとき、きみが日曜日の試合になると獰猛になるのはなぜか、と尋ねたことがある。「試合の日には、牧場で牛の世話をしているところを思い浮かべるんだ」。ウィルソンは私にそう話してくれた。「ぼくの牛がいる牧場に誰かが入ってきたとしたら、そいつは牛泥棒だ。そんな奴らには罰を与えてやる。そうすれば、二度と戻ってくることはない」

NFLでは月曜日に選手たちが過去の映像を見直し、火曜日はオフ、水曜日にコーチ陣がゲームプランを立て、金曜日までに選手たちが精神を集中させはじめる。彼らは周りで起こる出来事を意識から排除し、近づいてくる日曜日のキックオフに向けて集中する。とても興奮した状態になるため、妻や子どもがそばに寄るのも嫌がる。

試合当日、プロのアスリートは自分を外の世界から隔絶した状態にするために、サングラスをかけたり、ヘッドフォンで音楽を聞いたりする。音楽はやる気を高めたり、気持ちを落ち着けたりするのに役立つ。チームでの役割がそれぞれ異なるように、聞く音楽もジャズ、ゴスペル、ロック、ラップなど、選手によってまちまちだ。NFLの試合を観ようと人々がテレビをつけるずっと前から、戦士たちは精神面も感情面も戦いに向けて備えている。多くの選手は早い時間にスタジアムに行き、フィールドをブラブラと歩いたりする。〝グレージング（放牧）〟と呼ばれる方法だ。

祈ることで気持ちを強くもったり、心を落ち着けたりすることができるという選手もいる。NBAの最終戦でフェニックス・サンズがシカゴ・ブルズと対戦したとき、チャールズ・バークレーがサンズのクラブハウスに行くと誰もいなかった。チームメイトたちは別室で試合前の祈りをしていることを、彼は知っていた。バークレーはサインペンを手に取ると、試合に臨むときのモットーをメッセージボードに書きはじめた。「天は自ら助く者を助く」

偉大なアスリートは生活のなかでうまくバランスをとることを心がけているものだ。試合の日は戦士の心構えでいる。彼らはいつその心のスイッチを入れるべきかを知っているし、試合が終われればそのスイッチを切ることも知っている。

■照明がついたら、ショータイムの始まりだ。全力で戦うために心も体も魂も準備を整えよう。そうすれば勝負が終わったときに、何の悔いも残さずに試合会場をあとにすることができる。

39

ミラーテスト

THE MIRROR TEST

試合が終わったら鏡で自分を見ることにしている。勝っても負けても。そうすると、自分が全力を出し切ったことがわかる――ジョー・モンタナ

いい眠りができるのは、いっさいの後悔がないからだ――ジョン・ウッデン

のちにオクラホマ州コマースの誇りと呼ばれる男が、シアーズで買ったスーツに身を包み、ボール紙でできたスーツケースを抱えて大都市に降り立ったのは一九歳のときだった。彼は映画『ナチュラル』を地で行くような男だ。万能な選手で、さまざまなプレーをしてきた。セーフティーバントを何度も決めた。一九五六年のワールドシリーズでは、ギル・ホッジスが左中間の深いところに打った球を取って、ドン・ラーセンの完全試合に貢献した。一七一メートルの特大ホームランを打ったこともある。野球史上最も偉大なスイッチヒッターでもあった。彼はヤンキースで背番号七をつけていた――アメリカを象徴するような選手で、私の少年時代の憧れの人でもある。

ニューヨークで育った私は、彼のことをミッキーと呼んでいた。まるで個人的に会ったことがあるかのように。左右の打席に立って彼のスイングを真似したものだ。子どもたちはミッキーの野球カードを競って集めた。彼が全盛期にサインしてくれたボールを、私はいまでももっている。当時は老いも若きもミッキーを崇拝していた。だがその後、度重なるケガと手術によって引退に追いこまれた。

どこからどう見ても、ミッキー・マントルはアスリートとして大成功をおさめたといえるだろう。だが、マントルはアルコール依存症だった。ヤンキースで迎えた二年目の春、父親をホジキンリンパ腫で亡くしてから、彼は酒を飲みはじめた。それから四二年間、酒におぼれ、体を酷使した。いい夫、いい父親ではなかった。パーティーやバーにいるときは、お決まりの言葉を言って周囲を笑わせていた。「こんなに長生きするなら、もうちょっと体をいたわっておけばよかったよ」

だが、これはまったく笑えない冗談だ。アルコールのせいで彼は肝臓を傷めた。残念なことに、彼が活躍したのは後年になってからだ。ワールドシリーズの大舞台で活躍したのは、ベティー・フォード・センター（依存症治療センター）に入って酒を断ったあとのことだ。このとき打ったホームランが家族を再び結びつけることとなり、彼にとって最も大切なホームランとなった。マントルはがんで亡くなる一五カ月前に、『スポーツ・イラストレイテッド』にこう語っている。「家族みんなで過ごす時間をもっとつくるつもりだ。愛情を示したいし、愛していると伝えたい」

私はパフォーマンスコーチだけではなく、パーソナルカウンセラーもしているので、表舞台に立っていないときのアスリートの姿も見ることになる。舞台裏の彼らは無防備で、拍手や、白くてまぶしいスポットライトを浴びることはない。公の場に出るようになり、世界を一喜一憂させる存在になったプロのアスリートのなかには、あまり幸せとはいえない人生をおくる者もいる。スポーツのヒーローも、ただの人間なのだ。私の少年時代のアイドルにも弱点があった。マントルの話は悲しいものだったが、ほかのスポーツ選手がアスリートとしても人間としても発展し成長していく姿を見るのは嬉しいし、満足感を覚える。私のお気に入りのサクセスストーリーは、ケン・グリフィー・ジュニアの話だ。

私は一九八七年からグリフィー・ジュニアと彼の父親を知っている。グリフィー・ジュニアはシンシナティにあるムーラー高校に通っていた一七歳のころ、シアトル・マリナーズにドラフト一位で指名された。その二年後、彼はすばらしい選手になった。グリフィーは私がすべてのアスリートに課しているテスト——いまこの本を読んでいるあなたにも、このあとぜひやってもらいたい——に合格した偉大な選手のひとりだ。それはミラー（鏡）テストだ。「ぼくはミラーテストを信じている」。そう語るのはNFLや大学フットボールの元コーチ、ジョン・マッケイだ。「ぼくが言いたいのは、ファンやマスコミのことを気にしたり、ほかの誰かの期待に応えようとしたりしなくてもいいんだということだ。大切なのは、鏡に映っている自分に、きみはベストを尽くした、と心から言えるようになることだ」

ケン・グリフィー・ジュニアは、鏡に映る自分の姿を見ることで心の平穏を保っていた。「鏡を見て、自分はできることをすべてやったと思えれば、それでいいんだ」。彼はそう言った。

私の好きな詩にこんなものがある。一部をご紹介しよう。

努力して自分が望むものを手に入れ
今日のお前は最高だと世間から言われたら
鏡で自分を見て
そこに映っている者の声を聞いてみるといい
世界じゅうの人々をだましつづけて
称賛を得ることはできるかもしれない
でもその結果得られるのは心の痛みと涙だけ
もしも鏡に映った者を裏切っているのなら

ハーバードの研究者が、人生の成功に必要なものを調べるプロジェクトを行って、「五つのL」と呼ばれるリストを作成した。

愛情（**Love**）――パフォーマーにとって、愛情は最も基本的な要素だ。自分が取り組んでいる競技や、自分にとって大切な人への愛情がなければ、真に生きているとはいえない。ただ息をしているにすぎない。フィギュアスケートの元オリンピック金メダリスト、ペギー・フレミングも言っているように、最も大切なのは自分の競技を愛することだ。誰かを喜ばすためだけに競技をしてはいけない。「自分のやっていることを愛さなければいけない」。そう語るのは偉大なホッケー選手、ゴーディ・ハウだ。「愛情があれば、どんな障害も、苦しみも、痛みも、苦悩も乗り越えられる」。元メジャーリーガーのオジー・スミスはこんなことを言っている。「好きな野球ができたことが、どれほど幸運でありがたいことだったか、引退したいまならわかる」。元スター選手のジミー・ピアソールは、シカゴ・カブスのコーチをしていたときにこう語っている。「春のトレーニングが始まる前にまずやることは、選手たちと野球というゲームそのものを、もう一度愛することだ」

努力（**Labor**）――自分の好きなことなら仕事だと思わずにやれる、とよく言われる。けれども、成功に近道はない。成功は没頭と努力によって成し遂げられるものだ。ボストン・セルティックスの伝説的なコーチ、レッド・アワーバックは、才能も大切だが取り組むときの倫理観も大切だと言った。彼は選手たちに競技への取り組み方を振り返らせた。指導されたことにどう反応しているか。才能を伸ばすためにどんなことをしているか。アワーバックは言う。「ラリー・バードを見てみるといい。彼のスピードはそれほどでもない。背もそれほど高くない。それでも彼はつねに努力して、シュート練習を何度もしている。（中略）彼は何においても自分なりの目標をもっている――毎週、毎月、毎シーズン、目標を立てている」

学び（Learn）――メジャーリーグの元スラッガー、フランク・ハワードはこんなことを言っている。「野球の困ったところは、どうプレーすればいいかわかったときには、引退する歳になっていることだ」。ほかのスポーツに対しても同じことが言える。NFLの殿堂入りを果たしたクオーターバックのダン・ファウツは、アスリートのキャリアを正義の秤にたとえた。「秤の左側にはあふれんばかりの才能が乗っていて、右側には脳が乗っている。仕事を始めたばかりのころはフィジカル面が優勢で、メンタル面はほとんど役に立たない」。ファウツは言う。「ところが、選手生活を続けていくにつれ、フィジカル面の能力が衰えていき、メンタル面のほうにバランスが傾いていく。いらだたしいのは、体の衰えが目に見えることだ。けれどもそのころには、競技のことは前よりもよくわかるようになっているし、どうプレーすればいいかもわかるようになっている。ぼくはいつもそう感じている。とくにキャリアの半分を過ぎてからは。いつまでも選手でいられるわけではないが、毎日たくさんのことを学んでいる」。私は若いアスリートたちに、ほかの選手の失敗から学ぶべきだ、と話している。同じ失敗をすべて自分でしてみるには、選手生命は短すぎる。監督のルー・ピネラは選手たちに、自分の失敗はよく頭にたたきこんだうえで忘れろ、と話しているという。

笑い（**Laughter**）――勝負の場でも楽しむ気持ちを忘れてはいけない。スポーツをしているときに聞こえる快い音のひとつは笑い声だ。元監督のホワイティ・ハーゾグは、監督として成功する秘訣を訊かれたときにこう答えた。「ユーモアのセンスと、いいリリーフ投手がいることだ」。みっともない負けを喫したあと、コーチのジョン・マッケイは、チームの選手を罰するのか、と訊かれたことがある。「大賛成だ」。彼は無表情でそう答えた。一九九八年のシーズンに、マリナーズのピッチングコーチ、ブライアン・プライスはアイヴァン・モンテインという有望な選手を指導していた。モンテインは右投げの剛腕投手だったが、調子にムラがある選手だった。キューバ出身の彼は骨でできたネックレスを身につけていた。プライスはモンテインにお守りのネックレスをはずせと言ったのだが、もしこのネックレスをはずしたらあなたが死ぬことになる、とモンテインはプライスに警告した。するとプライスはこう答えた。「私が怖いのは死ぬことじゃない。今日もきみのピッチングが悪ければ私はクビになる。怖いのはそっちだ」。命ほど大切なものはないというのに。自分のことも笑い飛ばせるようになれば、一生楽しく暮らせるだろう。

気持ちの切り替え（**Leave, or let go**）――「たったひとつのプレーで、いい選手か悪い選手かが決まるわけではない」。チャールズ・バークレーは言った。「ぼくを批判する人の意見も、称賛する人の意見も信じないようにしているし、試合が終わったら気持ちを切り替えるようにしている」。元監督のスパーキー・アンダーソンは、試合に勝つと、よくない思いこみをしてしまうことがあると警告している。「最高のプレーができると、それ以上のプレーはできないと思ってしまうことがある。（中略）勝っても負けても、試合が終わったらそこで終わり。その試合のことは忘れて、次の試合のことを考えなくてはいけない」。あなたが取り組んでいる競技や仕事を愛そう。ただし、とらわれすぎてはいけない。

ケン・グリフィー・ジュニアの人生には、この五つのLがあった。彼は野球を愛した。努力もした。野球について学んでいた。楽しんでもいた。一一年間シアトル・マリナーズのユニフォームを着ていたが、それにこだわることなくシンシナティへ移籍し、生まれ育ったところで選手生活を続けた。

人生における成功とは、心穏やかに暮らすことと、悔いを残さないことだ。それには、自分はベストを尽くしたと思えなくてはならない。誰しも必ず引退するときがくる。引退を祝うディナーの席にいる自分の姿を想像してみよう。あなたは高校あるいは大学を卒業したときに競技をやめてしまったのかもしれないし、プロになってから引退を迎えたのかもしれない。あるいは週末だけその競技をしていたのかもしれない。友人、コーチ陣、かつてのチームメイト、そしてこれまで戦ってきた相手がディナーに参加してくれている。彼らはひとりずつ立ち上がり、あなたの人柄や、あなたがどんな選手だったかを話してくれる。

そのとき彼らはどんなことを言ってくれるだろう。

あなたは彼らにどんなことを言ってほしいだろうか。

プレーヤーとして、ひとりの人間として、フィールド内にいようと外にいようと、自分はベストを尽くしてきたと思えれば、心が穏やかになる。そうすれば成功したといえる。競技を離れたあと、自分をどんなふうに思い出してほしいだろうか。あなたにとって成功とはなんだろう。

40

自分にとって最高の勝利を

THE BIG WIN

努力して、けっしてあきらめなければ、普通の人にも素晴らしいことが起こる。ぼくがその証拠だ——オーレル・ハーシュハイザー

勝つこともあれば負けることもある。それでも私は、けっして打ちのめされることはない——エミット・スミス

マーク・マグワイアは足のケガで、一九九三年と一九九四年のシーズンを棒に振った。どちらの年も、彼はたった九本しかホームランを打てなかった。オークランドに所属していたこのスラッガーは、次の年の春にも調子を崩したことから、これは野球の神様からのお告げではないかと考えた。イライラして将来のことが不安になった彼は、家族や友人にアドバイスを求めた。すると彼らは、もう一年だけ頑張ってみてはどうかと彼を励ました。

マグワイアが野球をやめていたらどうなっていただろう。彼も私たちも、どれほど大きなものを失うことになっただろう。彼が父親の六一歳の誕生日に六一本目のホームランを打つこともなかっただろうし、ロジャー・マリスの名に並んで、彼の名前が記録年鑑に記されることもなかっただろう。セントルイス・カージナルスでバットボーイをしていた一〇歳の息子と、この思い出を分かち合うこともなかっただろう。ビッグ・マック（マーク・マグワイアの愛称）がベースを一周するあいだ、息子のマット・マグワイアはホームベースのところで父親を待っていた。そして父親に抱き上げられた。なんとすばらしい瞬間だろう――マグワイア家の三世代が一本のホームランでつながった瞬間だ。

マグワイアが野球をやめていたら、六二本目のホームランを打つこともなかっただろう――このとき彼は偉業を達成したことに興奮しすぎて、リトルリーグ時代に最初に習ったルールを忘れてしまった。「ベースを全部きちんと踏むこと」。マグワイアは一塁を踏むのを忘れていた。彼はもう一度戻って、一塁、二塁、三塁を踏み、最後にホームベースを踏んだ。スポーツ界で最も名誉ある記録を打ち立てたこの晩、彼はすべての人に感動を与えた。

マグワイアが野球をやめていたら、一九九八年のシーズンの最後の四四時間に、五本のホームランを打つという奇跡を起こすこともなかっただろう。最後の打席に立つ前、彼はネクスト・バッターズ・サークルで目を閉じ、エネルギーを集中させた。それから打席に立つと、七〇号のホームランを打った。その夏に達成した偉業と、野球、ファン、そして国全体に与えた影響の大きさは測りしれない。マグワイアもこう語っている。「ぼくも信じられないよ。きみは信じられる?」

マイケル・ジョーダンの一〇代のころの目標は、高校のバスケットボールチームに入ることだった。いまでも当時のことを思い出すという。血気盛んな二年生のころ、コーチが体育館にメンバー表を貼り出すのを、いまかいまかと待っていた。名前が書かれている生徒はチームに入れるが、書かれていない生徒はチームに入れない。

ジョーダンはリストで自分の名前を捜した。アルファベット順に並んだ名前を、順番に指でなぞって確認していく。だが、彼の名前はなかった。心が深く沈んだ。その日、授業を終えて家に帰ったジョーダンは、部屋に閉じこもって号泣した。

幸い、落胆より決意が上回った。体は細かったが、自分にはチームに入れるだけの実力がないことを受け入れようとはしなかった。けっしてあきらめなかった。もしあきらめていたら、この史上最高の選手がNBAファイナルで勝利を手にしてMVPを獲得するところや、彼が〝ドリームチーム〟を率いてオリンピックの舞台で金メダルを獲得するところを目にする喜びを、私たちが味わうことはなかっただろう。

ランス・アームストロングは、医者から残酷な知らせを告げられたときのことを覚えている。一九九六年、自転車ロードレース選手の彼は、精巣腫瘍だと告げられたのだ。がんはすでに腹部、脳、肺に転移していた。

「それを聞いたときは、まずこう思った。『まいったな、ぼくのキャリアもこれでおしまいだ』」。アームストロングは友人にそう語った。「そのあとも、次々に新たな問題がみつかった。自分のキャリアの心配をしているどころではなかった。次の誕生日まで生きられるかどうか心配でしかたなかった」

アームストロングは四度の化学療法を行い、脳腫瘍を摘出する手術も行った。驚くことに、医者から三年生存する確率は四〇パーセントだと言われていたにもかかわらず、その三年もたたないうちに、テキサス出身のこの二七歳の若者は、猛然とペダルをこいでフランスを横断し、アルプス山脈を越え、ピレネー山脈を越えていった。このアメリカ人は自転車に前かがみにまたがり、三六〇キロにわたるヨーロッパ随一の険しい道のりを走破した。晴れの日も雨の日も、山を登り、谷を下った。

フットボール・スタジアムの階段くらい急な坂道もあった。彼はペダルをこぎながら食べ、ハチドリのように川の水をすすった。意志の力に突き動かされていた彼は、ミシンのようにこぎつづけた。一日に消費するカロリーは六〇〇〇キロカロリーにもなった。

ツール・ド・フランスは人間の耐久性を測る世界最大のレースだ。二〇日間連続してマラソンを走るようなものだとも言われる。アームストロングはトロフィーなどなくても自分が勝者だと思っていたが、一九九九年には、じっさいにトロフィーを手にした。レースの最終日、パリに着いた彼はアメリカの国旗を肩にかけ、歓声に迎えられた。勝ったのだ。だがそれ以上に、アームストロングの存在はサバイバルの象徴として人々に深い感銘を与えた。彼の物語は人々に生きる勇気を与えつづけている。その次の年も彼は偉業を達成した。

私がアスリートやパフォーマーと仕事をするときは、将来のことは誰にもわからない、と話している。それならば、すばらしい将来が待っていると考えて行動すればいいのではないだろうか。目標を設定しよう。努力をしよう。ポジティブ思考がつねにうまくいくとはかぎらないが、ネガティブ思考をしていると、残念ながらいつもそのとおりになる。

本書では、世界的に有名なアスリートの話をしてきた。けれども、有名な人ばかりがチャンピオンなわけではない。『スポーツ・イラストレイテッド』に載っていなくても、スポーツ専門チャンネルで紹介されなくても、チャンピオンは私たちの周りにいる。いたるところにいる。

この子はどこかおかしいのではないかと両親が思ったとき、アイダ・ドットソンはまだ二歳にもなっていなかった。検査の結果、アリゾナ州トゥームストン出身のこの子の耳は、聞こえていないことがわかった。

四歳になったころ、アイダの両親はツーソンにあるろう学校に彼女を入学させた。アイダはそこに一〇年間通った。

高校二年生のとき、彼女は公立学校に行きたがった。そこで、トゥームストン高校に通いはじめたが、三〇〇人いるほかの生徒とどうやってコミュニケーションをとればいいのかわからなかった。手話を知っている人が誰もいなかったのだ。自分は受け入れてもらえるだろうか。アイダは心配になった。だが、彼らは受け入れてくれた。

アイダにはバンドが演奏する音楽も、チアリーダーがあげる歓声も聞こえない。でも、聞こえないことは彼女にとって障害とはならなかった。アイダは学校の女子バスケットボールの代表チームに加わり、練習に励んだ。補聴器をつければ、審判が笛を吹いたときも空気の振動でわかる。彼女はチームの得点王になり、リーダーにもなった。三年生のときは、トゥームストン高校を州大会の準決勝に導いた。

最後に紹介した話には、最も大切な教訓が含まれている。恐怖心から夢をあきらめてはいけない、ということだ。自分ができないことにとらわれすぎずに、自分ができることを考えよう。


最も大きな勝利とは、自分に勝つことだ。簡単にあきらめてはいけない。

メモ

本書のプログラムや成果についての情報をもっと知りたい方は、batmack@aol.comまでメールをお送りいただくか、左記までご連絡ください。

Gary Mack@Mind Gym
4455 East Moonlight Drive
Paradise Valley, Arizona 85253

■著者紹介

ゲーリー・マック（Gary Mack）

米国のスポーツ心理コンサルタント兼カウンセラー。あまたの分野のプロのアスリートに助言をしてきた。コンサルティング会社のスポーツ・アシスト、プランニング・ソリューションの社長。元大リーガーが運営するグリフィー・インターナショナル社のスポーツ心理学ディレクターであり、NBAフェニックス・サンズ、WNBAフェニックス・マーキュリーのチームカウンセラーとしても活躍する。

デビッド・キャスティーブンス（David Casstevens）

記者、作家。『フォートワース・スター・テレグラム』紙の編集委員を務める。他の著書に、NBAで16シーズンプレーしたバスケットボール選手チャールズ・バークレーの伝記『サムバディーズ・ガッタ・ビー・ミー（Somebody's Gotta Be Me)』がある。

■訳者紹介

多賀谷 正子（たがや まさこ）

英語翻訳者。上智大学文学部英文学科卒。訳書に『クリエイティブ・コーリング――創造力を呼び出す習慣』（CCCメディアハウス）、『THE RHETORIC――人生の武器としての伝える技術』（ポプラ社）、『トロント最高の医師が教える世界最新の太らないカラダ』（サンマーク出版）、『大人の育て方 ――子どもの自立心を育む方法』（パンローリング、共訳）などがある。

■翻訳協力：株式会社リベル

2021年8月3日 初版第1刷発行

フェニックスシリーズ ⑫5

アスリートが通《かよ》う「マインド・ジム」
——恐怖心から夢をあきらめてはいけない

著　者　ゲーリー・マック、デビッド・キャスティーブンス
訳　者　多賀谷正子
発行者　後藤康徳
発行所　パンローリング株式会社
〒160-0023　東京都新宿区西新宿7-9-18 6階
TEL 03-5386-7391　FAX 03-5386-7393
http://www.panrolling.com/
E-mail　info@panrolling.com
装　丁　パンローリング装丁室
組　版　パンローリング制作室
印刷·製本　株式会社シナノ

ISBN978-4-7759-4254-3